长 城 绘

帝都绘工作室　著

北京联合出版公司
Beijing United Publishing Co.,Ltd.

著作权声明

推荐序

6月，中国文物保护基金会邀请我为《长城绘》写推荐序，拿到书后细细翻阅，感慨良多。早在国家文物局任职期间，我便主持了长城资源调查工作，深知长城资源的调查与认定情况之复杂，任务之艰辛，是世界未有之先例。就在2011年启动认定工作后不久，我调离国家文物局，前往故宫博物院就职。八年过去，往事仍历历在目。

作为同批列入《世界遗产名录》的文化遗产，故宫和长城在国际上都有很高的知名度。长城历史悠久，体量巨大，分布范围广。如果说故宫在地图上是一个点，那长城就是一条线，层层守护中华传统文化的线。但这条线并不是阻隔，而是经济、军事、文化交流的窗口，是建筑、艺术、文化意识的展现。它就像是一条长长的线将所经之处的一片片区域联系在了一起，将不同的民族和文化元素融合在了一起，形成了以长城为中心的独特的长城文化。

长城的功能从古至今一直在变化，它既是军事防御工程、又是居住屯垦的区域，还是经济往来的中心，如今的它是世界文化遗产、是旅游文化景区、是民族精神载体。因此我们对长城的认识也不能局限于过去，更要着眼当下、放眼未来！

党中央、国务院一直以来十分重视长城保护工作。2016年，鉴于长城保护状况的复杂性，国家文物局对社会开放了长城保护修缮的大门，长城保护进入到社会力量参与的新阶段。中国文物保护基金会和腾讯公益慈善基金会基于此携手踏上社会力量参与长城保护的探索之路。

长城不同于故宫，它地处偏远，分布环境艰险，保存状况岌岌可危。长城距离公众是如此遥远，因此，长城故事的讲述就成为了"让长城活起来"的重要方式，是拉近公众和长城的距离，用更生动的方式欣赏、感知长城的新的传播手段。

说起长城，既具体又抽象。为什么这么说呢？一提到长城，大家想到的是八达岭，是"不到长城非好汉"……其实，长城是一个庞然大物，地跨南北，上下千年，才成为今天我们所看到的纵横万里的长城。

长城的历史和现状，一两节课说不清，三四本书讲不完，纷繁浩杂的信息分布在历朝历代的各类文献中。如何让公众更加方便地了解长城，将"高冷"的长城保护转变为"接地气"的公众参与活动，成为中国文物保护基金会和腾讯公益慈善基金会都在思考的问题。2019年，《长城绘》在这样的背景下，在一群热心长城保护、专注于图解科普的年轻人手中诞生了。

《长城绘》是一本非常有诚意的作品，信息丰富、绘图严谨，立足于长城的基本情况，系统地梳理了长城的历史、地理、文化、经济、军事、民族、交流、保护、旅游等方方面面的小知识，而且内容信息都是专家组多方论证审核，查阅了众多资料后呈现出来的，可以毫不夸张地说，这是一本图文并茂的长城小百科。书中包含长城保护工作的一手资料，确保信息的科学和准确，新颖独特的设计方式也让信息的呈现更加科学化、体系化。

近年来，我一直在故宫博物院工作，走遍故宫的每个角落，熟悉这里的一草一木，故宫所蕴含的文化内涵深厚广博，是中国传统文化的丰富积淀。讲好故宫故事，是我们文化自信的体现。为了将故宫所蕴含的传统文化展示给公众，让故宫文化活起来，故宫博物院在文物修复、陈列展览、数字应用、公众教育、文化创意等多个方面都做了积极地探索与尝试。

故宫博物院的工作实践使我认识到，什么是理想的文化遗产保护，不是把文物锁在库房里，死看硬守才是理想的保护状态。而应让文物重新回到人们的社会生活中，当人们感受到文化遗产对于现实生活的意义，才会倾心保护文化遗产，文化遗产才会拥有魅力、拥有尊严，有魅力和尊严的文化遗产才能成为促进社会发展的积极力量，才能惠及更多的社会民众，才会有更多的民众投身于文化遗产保护。这才是文化遗产保护的良性循环。

因此，文化遗产保护不应是各级政府的专利，不仅是部门的、行业的、系统的工作，还是每个人都应该拥有的权利和义务。让文化遗产重回社会生活，让广大民众获得保护的知情权、参与权、监督权、受益权，文化遗产才能得到更好的保护，故宫保护如此，长城保护也如此。

最后，希望大家能通过《长城绘》了解长城、热爱长城并参与到长城保护中来。长城正在风雨中逐渐消失，长城保护工作越发迫切，仅依靠政府的力量远远不够，广泛的社会参与终将成为长城继续存在的重要保障。我号召大家加入长城保护中来，成为长城保护工作中的一环。曾经有千千万万块青砖汇聚成8851.8千米的明长城，如今也将会有千千万万的人加入到长城保护事业中，助力万里长城的延续。

长城保护需要青年人去关注与支持，成长为未来长城保护的中坚力量！

单霁翔
2019年8月

长城，历史的连接

2017年春，我和同事一起爬上了北京的箭扣长城。这是户外运动爱好者们非常喜欢的一段"野长城"，险峻处需要手脚并用才能攀爬过去。作为一个在南方长大的中国人，我第一次如此近距离地感受到古老长城的生命力：深沉、壮阔、坚韧。回来之后，碰到没有去过长城的朋友，我都会推荐他们一定要去看看，亲身感受一下。

如果没有上世纪80年代那场"爱我中华 修我长城"的全民行动，许多长城段可能已因缺乏保护而化为废墟。在攀登箭扣的过程中，我和几位同事一直在讨论修复"野长城"的难度和方式，特别是如何让每一个中国人尤其年轻人都能够跟长城建立起"连接"。记得当时我们还"脑暴"出很多形式：比如虚拟捐砖立碑、明星组队、家庭纪念、企业赞助，甚至在长城现场扫码可以扫出捐赠者的心愿……

过去几年，我们一直在思考和探索在数字时代如何保护与传承传统文化。2016年7月，腾讯与故宫开始合作并进行全方位的尝试，希望600岁的故宫成为越来越多年轻人喜爱的传统文化IP。单霁翔院长说，故宫是一个点，长城是一条线，层层守护中国传统文化的线。事实上，我们的行动也在从点到线逐步展开。2016年9月，腾讯公益慈善基金会与中国文物保护基金会联合发起了长城保护项目——"保护长城，加我一个"。

今天，以腾讯为代表的互联网与科技公司，正在致力于连接人与人、人与物、人与服务，为人们构建起庞大的数字网络，让日常生活与现代文化交流更加便捷。今天数字生活的根基，不但需要数字技术，更依赖文化信念。只有让历史文化与数字文化两张网络紧密连接，我们的数字生活才不会成为无源之水，无本之木。

可能有人以为长城仅仅是一道用于军事防御的围墙，实际上长城更是一条交织着地理、历史、文化内涵的重要连接。从地理上看，长城连接着从东部沿海到西部内陆几千公里国土；从历史上看，长城连接着上下两千余年，见证和伴随了中华民族的历史更替和荣辱变迁；从文化上看，它是农耕与游牧两种文明之间的连接，是不同民族与文化不断碰撞、交流和融合的地带，同时护卫着丝绸之路这条古代东西方经济文化交流的大动脉。可以说，长城是民族记忆穿越时空的有形载体和文化符号，是中国历史文化网络中一个极其重要的枢纽节点。

今年八月，习近平总书记在嘉峪关考察时特别提到，长城是中华民族的重要象征，是中华民族精神的重要标志，我们一定要重视历史文化保护传承，保护好中华民族精神生生不息的根脉。

"保护长城，加我一个"项目作为保护长城的具体实践，让腾讯与社会各界携手开始了很多新探索。目前，腾讯认领的"鹰飞倒仰"至"北京结"段箭扣长城的修缮工作已顺利完工，喜峰口修缮项目正在进行。除了保护长城的物质形态，我们还借助数字技术和网络平台来"激活"长城的文化精神。我们相信，年轻一代是守护和传承传统文化的中坚力量。只有作为"数字原住民"的年轻人越来越多地参与到传统文化的保护与传承中来，才能让我们的历史与未来紧密连接。

我们鼓励年轻人用自己喜爱的方式讲好长城故事，借助腾讯平台上的动漫、音乐、影视、游戏等内容形式，把长城背后的地理、历史、建筑、文化、艺术、生态等生动而富有创意地呈现出来。于是，大家看到了长城小兵的卡通形象、微信上的长城小游戏、长城修缮的纪录片……兼具知识性与趣味性的《长城绘》正是这些创新成果中的一项。这份耗时一年的诚意之作，上市后深受好评，此次加印希望能让更多读者喜爱。

我们还将继续行动。因为"科技向善"也意味着：用科技更好地保护与传承传统文化，让文化与科技比翼双飞。

马化腾
2019年12月

前言

长城，无疑是中国知名度最高的代表形象之一，差不多每一个中国人都知道长城，许多人还去过——比如八达岭、山海关……所以，顺理成章地，我们会以为长城就是青砖垒砌的城垛敌楼，但事实是，超过99%的长城并不是那样；我们会以为长城是一条线，沿着它可以一路从山海关走到嘉峪关，但事实是，长城远不止一条线，而更像一个面，北达内蒙古和东三省，南边甚至到了河南境内；我们会以为长城是一处战场，乃至设想攻防双方的激战场面，但事实是，在两千多年的历史长河中，多数时候长城上没怎么打过仗……

恰恰是这些各式各样的误解和模糊认识，促生了这本书。长城是什么？我们尝试着认真回答这个问题。与研究长城的多位专家一起，我们在书中呈现了属于不同领域但都与长城密切相关的大量信息，希望通过这部作品，能够帮助你了解一个真实、完整的长城。

而当我们意识到自己在做一本面向当代读者的长城科普读物时，另一个问题又产生了。只解释"长城是什么"并不足够，考虑到长城建造和使用的年代如此久远，一个更根本的问题似乎是：对于今天的我们来说，长城是什么？旅游景点？恐怕不止如此。文化象征？又显得过于抽象。那么，还有什么别的吗？

我们相信是有的。

在绘制这本书的过程中，我们经常会用到卫星影像。这些俯瞰大地的照片记录下了很多令人印象深刻的景观。比如，在宁夏、甘肃的一些地区可以明显看到，建于明代甚至更早时期的长城，如今仍然是一条分界线，它的南边是油绿的农田，北边则是金黄的沙漠。再比如，当我们一座一座地搜寻明代的长城城堡时，总会看到新的乡镇、甚至城市，就像老树上的新枝叶一样，以几百年前的城堡旧址为中心，绽放开来。中国很大，你所在的地方可能与长城相隔甚远，但在你的身边，总会有那么一些以长城命名的东西，比如中国人民解放军常被称为"钢铁长城"。你能想到自己在麦当劳吃的炸薯条就是"长城牌"的吗？而它只是四千多个含有"长城"字样的商标中的一个。

这些事实都表明，直至今日，长城与我们的生活仍存有千丝万缕的联系。在这本书中，我们也总是试图从当下的视角看待长城。于是，"长城是什么"被归纳成了六个名词——奇迹、墙垣、前线、家园、图腾和文物。"奇迹"是总说，有关长城的一些基本问题将在那里出现；"墙垣"是从建筑的角度，解析长城的物质实体；"前线"是关于长城最根本的军事防御功能，这部分的内容主要是基于古代；"家园"阐释了从古至今，人类和动植物是怎样在长城旁生活的；"图腾"是关于文化的，展示了长城在多个语境下的不同含义；"文物"则探讨了长城在当下是如何被保护和利用的。

长城这个概念所承载的信息十分丰富，本书只能展示它的冰山一角，这也是为什么我们在书后比较详细地列出了每一张图的参考资料，可以作为你扩展阅读的线索。我们也尽最大努力，希望确保书中的内容准确，但或许依旧无法避免出现纰漏以及存在争议的内容，恳请读者不吝指正。最后，同样是因为在空间和时间上的跨度之广，长城本身仍有很多的未解之谜，而保护长城的工作也存在不少空白需要填补。如果本书可以激发更多人热爱、关注长城，乃至参与到长城的研究和保护中来，那将是我们莫大的荣幸。

帝都绘工作室

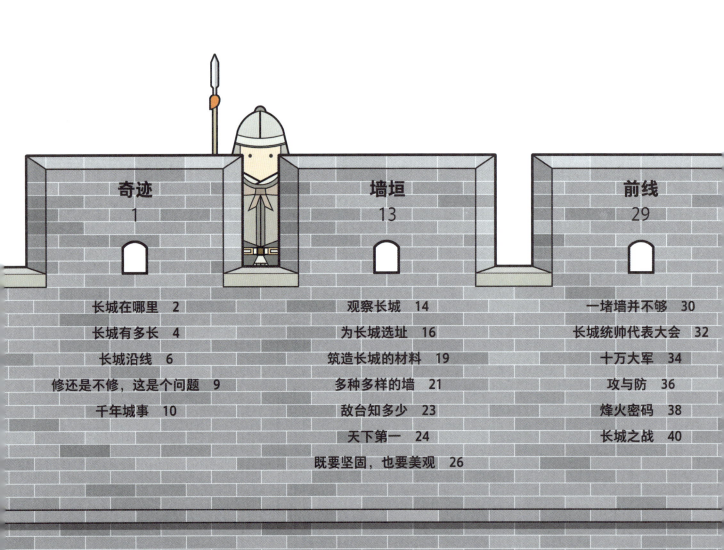

目录

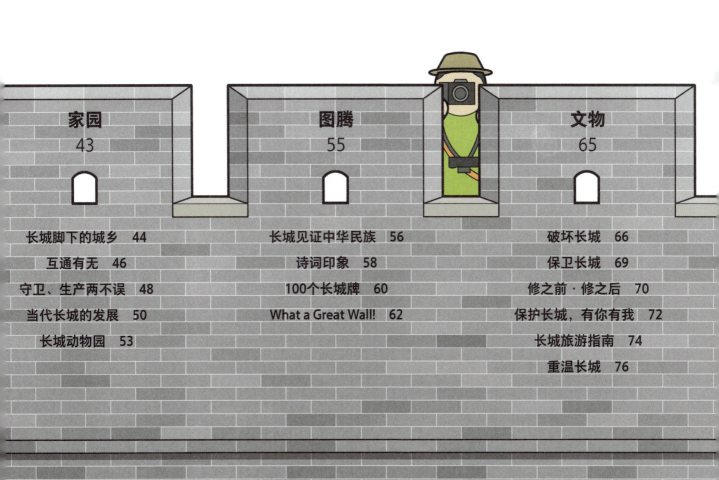

关于长城的快速问答

在开始正式阅读之前，我们为你准备了一些关于长城的或基本或冷门的问题，以及相应的解答。就把这当作是热身吧！

问："不到长城非好汉"最开始是谁说的？

答：毛泽东。他在1935年写下了《清平乐·六盘山》，全诗为：天高云淡，望断南飞雁。不到长城非好汉，屈指行程二万。六盘山上高峰，红旗漫卷西风。今日长缨在手，何时缚住苍龙？

问：长城到底有多长？

答：中国境内已认定的历代长城的总长度是21 196.18千米，这是国家文物局在为期六年的调查统计之后，于2012年公布的数字。

问：长城是什么时候修建的？

答：中国历史上的许多朝代都修建过长城，其中的几个建造高峰出现在战国时期、秦代、汉代、南北朝时期、金代和明代。有专家认为，历史文献记载的公元前7世纪，春秋时期楚国修建的"方城"是最早的长城。如今人们最常参观到的长城大多是明代修建的。

问：在月球上能看到长城吗？

答："长城是在月球上唯一可以用肉眼看到的人造物"可能是有关长城被传播得最广泛的一则谣言。事实上，这种说法最初出现在英国考古学家威廉·斯蒂克利写于1754年的一封信里——那时距离人类第一次登上月球还有215年之久。不仅在月球上看不到，即便是在大多数卫星和空间站所在的近地轨道上，长城也未必可以被看到。2003年乘"神舟五号"飞船进入太空的中国首位航天员杨利伟也明确表示在太空中并没有看到长城。毕竟，尽管长城很长，但宽度甚至还不及一条双车道的普通马路。

问：有哪些重要的战役是在长城打的？

答：在长城很少发生大规模的战役，这是因为攻坚战对游牧民族来说并不划算。为数不多的重要战役都发生在关口或长城沿线的城堡，比如1449年发生在土木堡的"土木之变"和1644年发生在九门口的"一片石之战"。在抗日战争期间，1933年的"长城战役"和1937年的"南口战役"、"忻口战役"，则是近代以来长城上最重要的几次战役。

问：哪个省的长城最多？

答：可能会让你感到意外——内蒙古。内蒙古的长城资源占全国的近三分之一，其中很多是一种我们并不太熟悉的长城类型——金界壕。

问：什么是"野长城"？

答：野长城的"野"，一般体现在两个方面：一是它们的保存状况比较残破，二是它们没有被开发为景区并对外开放。事实上，因为保存完整而成为景区的长城只占很小的一部分，所以可以说，绝大部分长城都是野长城。

问：为什么修长城？

答：长城最初是用来标志政权的边界，后来则逐渐发展出了军事防御功能。因为长城位于国界附近，它还逐渐发展出边境管理、贸易、税收等功能。

问：山海关和嘉峪关是长城的起点和终点吗？

答：不是。至今在我国境内发现的长城遗迹，西至新疆西端，比嘉峪关还要往西约2000千米，东至鸭绿江西岸，比山海关还要往东1000千米。如果只考虑明代修建的长城，那么嘉峪关基本可以被理解为长城位于西边的终点，不过最东边应是丹东的虎山长城，而不是山海关。

问：长城是用什么建成的？

答：古代修建长城时往往就地取材，常用的建材及相应的建造方法包括：土（夯土、土坯）、石（干垒、土石混筑）、砖（包砖砌筑）、植物枝干（红柳夹沙）等。除了这些主要材料，还会用到作为黏合剂的米浆、石灰，以及用于墙体表面处理的草泥灰等辅助材料。

问：长城就是一堵墙吗？

答：准确地说，长城是一套综合的防御体系，而不仅仅是一堵墙。首先，长城的城墙不只有一堵，在山西境内，仅明长城从外至内就有四道城墙；而且，长城也不只是墙，从以边墙和城堡为代表的防御和屯兵系统，到以烽火台、驿道为代表的军情系统，再到以屯田、市场为代表的后勤保障系统，这些复合在一起，才构成了完整的长城。

问：长城是由谁修建的？

答：长城建造工程一般由军民协力完成，其中"军"主要是长城周边驻扎的军兵，"民"主要是征调或雇用的民夫。在明代，施工队伍包括了泥水匠、石匠、砖窑匠、木匠等，在此之上，还有催工、管工、监工、督工等人员[进行]分级管理。

问：旅游高峰时的游客潮会把长城压塌吗？

答：尽管暂时没有因为游客过多而压塌长城[的记]录，但日积月累的游客踩踏对长城的影响仍[可]以被观察到，比如居庸关长城上的一些方砖[已]被磨出了月牙形的凹陷。对于结构本就不够[坚固]的野长城来说，这种破坏作用更加明显。

问：传递烽火的烟为什么叫"狼烟"？

答：因为是用狼粪烧出来的烟吗？并不是。[记录]烽火规则的古代官方文献中都没有提到狼粪[这种]材料，而如今通过考古学方法也都没有在烽火[台]遗址附近发现过狼粪。事实上，现在已知的["狼]烟"一词最早是出现在诗文之中，所以"[狼]"字更可能是一种修辞，而不是指代用于燃[烧的]狼粪。

问：有没有与长城有关的现代艺术？

答：以几位国内外知名艺术家的作品为例[——]《为长城延长一万米——为外星人所作的计划[》，]蔡国强；《鬼打墙》，徐冰；《情人——长城[》，]玛丽娜·阿布拉莫维奇；《奔跑的藩篱》，[克里]斯托和让娜-克劳德。

问：长城曾被攻破过吗？

答：很多次。据明代王琼撰写的《北虏事迹》[记]载，仅陕西一带的长城，在1501—1529年，[就]被蒙古人攻破了14次。

问：怎样防止敌人从长城尽头直接绕进来？

答：的确，再长的长城也会有个尽头。为了[防止]敌人绕进来，长城往往会以天险——比如陡[峭的]山峰或湍急的河流作为尽头，有时还会在这些[地]方建城堡或码头来增强防卫。

问：传说中长城与年等降水量线的关系是怎样[的？]

答：400毫米年等降水量线是中国的一条地[理分]界线，它划分了半湿润气候区和半干旱气候区，[它]也划分了农业文明和游牧文明。作为农业文[明和]游牧文明碰撞的产物的长城，与400毫米年等[……]

线在一些地方有所重合。不过，它并不是严□重合，而且，考虑到长城本身是有很多道□自然也不可能每一道都重合。

长城都是汉民族修建的吗？

历史上，当北方游牧民族和渔猎民族入主□并建立王朝后，也经常会选择建设长城。□最典型的就是由鲜卑人建立的北魏，和由□人建立的金朝。但金朝建设的界壕与长□最终也没挡住蒙古骑兵。

长城如今的保存状况怎么样？

并不理想。在我国已知的21000多千米的长城□只有约2000千米称得上"保存情况较好"，□6500千米的长城在地面上已经看不到物质遗□。

世界上关于长城的第一部专著是？

1907年，美国探险家威廉·埃德加·盖洛从□关出发；次年，他在嘉峪关完成了这一趟从□西徒步长城的旅程。1909年，他把这次经历□了书——《中国长城》，这也是世界上第一□于长城的专著。

古代在长城的外面就是"国外"吗？

古代国家与国家之间的边界，并不像今天的□线那样明确。以明朝为例，首先边墙并不只□一层，即便是最外的一层"大边"，它的外□仍然有不少明朝的设施，比如烽火台、壕□甚至零星的耕地。而在长城内侧，还设有一□"界石"，它的作用则主要是防止民众离开边界□。

长城现在都开发成景区了吗？

根据2016年的一项统计，全国与长城有关的□有92处——显然，这只是长城所有资源中极□的一部分。

古代长城守军主要使用哪些兵器？

明代之前，长城守军主要使用的是以长矛、□为代表的冷兵器，而在明代则开始大规模使□器。在离京师最近的蓟镇，配备火器的比例□超过了一半。守城时，还会物尽其用地使用□"非常规武器"，比如煮沸了的大便。

问：还存在没有被发现的长城吗？

答：尽管文物和测绘部门在2006—2011年间已经开展了一次全面的长城资源调查，但因为大量长城存在于偏远地区，甚至被掩埋，所以极有可能还有更多长城等待我们去发现。有学者曾统计并计算了历史文献所记载的各朝代建造长城的总长度，比如今已认定的长城总长更长，从侧面印证了还有更多的长城有待发现这一事实。

问：如今谁在管理长城？

答：根据《长城保护条例》，国务院文物主管部门应负责长城整体的保护管理工作，各地方政府及其文物主管部门则负责本区域内的长城保护和管理。对于已经开发为景区的长城段落，还有相关的旅游管理机构。

问：长城会阻隔动物的迁徙吗？

答：这方面的研究并不充足，但在清末民初的陕北地区曾爆发狼灾，当时的文献中有关于长城阻挡了狼群蔓延的记载。

问：长城和丝绸之路有重合吗？

答：汉代使节出使西域时，基本都是沿着秦汉长城的内侧行进，所以在河西走廊和如今新疆境内，丝绸之路和长城有很多重合的部分。

问：古代修长城要花多少钱？

答：修建长城费钱费力，到了明代晚期，国库亏空，甚至只能挪用官兵饷银来维持长城的修筑。不过，和派兵出关打仗相比，修长城还是便宜太多了。成化年间，延绥镇巡抚曾算过一笔账：在延绥镇采取军事行动，将耗银815.4万两，而修筑长城，只需要50万两！后来，朝廷也的确选择了修筑长城。

问：每年有多少人参观长城？

答：2015年一整年里，有832万人来到八达岭长城参观，平均每天2.3万人。而在"十一"黄金周，每天参观八达岭的游客超过6万人，而八达岭长城景区设定的每日最大游客承载量为10.8万人。放眼全国，最火热的长城旅游市场无疑还是北京。其他城市的长城景区，以嘉峪关和山海关为例，2015年全年接待的游客量都在100万人左右。

问：孟姜女哭倒的是哪段长城？

答：主流的孟姜女传说故事背景被设定在山海关，如今山海关附近有一座望夫石村，村旁还建有孟姜女庙，不过毕竟孟姜女是虚构的民间传说，这些"遗迹"更像是后世附会的产物。另据学者研究，"孟姜女哭长城"也并非凭空捏造，而是有故事原型的，只不过这个原型——齐国大夫杞梁之妻哭夫的故事发生在战国时期的山东，而且和长城并没有什么关系。

问：长城会跨过河流吗？

答：会。在长城与河流交错时，往往会在长城上修筑水门，这样既可以使长城保持连续，又能使河流正常流动。但因为建筑材料本身的特性，水门主要出现在明代建造的包砖长城上。辽宁省绥中县的九门口是"水上长城"中最壮观的一段。

问：修了长城以后，长城内外还有交流吗？

答：位于长城两侧的农耕文明和游牧文明，都拥有对方所需的资源，其中游牧文明对农耕文明的依赖更强一些。在这个背景下，双方的交流是自然产生的。建造长城并非是为了彻底阻断交流，而是为了交流能够有序地开展。长城沿线关口的贸易往来就是交流的主要形式。

问：建长城需要多少块砖？

答：有学者曾对明代包砖长城的耗砖量做过一次估算，结论是：每1米的长城如果包砖，就需要6000块左右的砖。如果考虑到敌台、烽火台等单体建筑，则需要9000块左右。

问：其他国家有长城吗？

答：纵观世界历史，很多文明都在修筑长城这件事上不谋而合。比如古罗马帝国所修、如今位于英国境内的哈德良长城，以及萨珊王朝所修、如今位于伊朗境内的戈尔干长城，等等。

问：我可以为保护长城做些什么？

答：很多事情！比如文明地游览长城、加入长城保护志愿团体、参与对长城修缮项目提供资助的互联网众筹、向你的亲友介绍长城并鼓励他们前往参观、举报你发现的破坏长城的违法行为、拍摄美丽的长城照片……当然，还有仔细阅读这本书！

长城太长了！仅仅是测量和认定它的长度，就用了6年时间……

奇迹

我们通常把长城称作"万里长城"，因为在我们的印象中，长城很长。但这个数字到底是多少，没有太多人知道。直到最近几年，我们才第一次通过专业的测量知道它的长度——21 196.18千米。更形象地说，如果在地球的南极和北极之间直直地砌一堵墙，长城的长度比这堵墙还长一点点！

让人惊叹的不只是长城在空间上的长度，还有修建它的时间跨度。从春秋战国时期到明朝的悠悠两千多年中，我们的先民持续不断地为长城添砖加瓦，终成今日的人类奇迹之一。

那么，长城的出现到底是为了什么？让我们一起来解读这一奇迹。

长城在哪里

长城跨越了多少个省、直辖市、自治区?

一共15个!在我们通常所理解的北方区域的所有省、自治区和直辖市都可以找到长城或长城曾经存在的痕迹。长城也不是我们想象中的一条"线",而是一个巨大的区域,这是两千多年来不断修建、积累的结果。

不只有八达岭

说起长城,我们脑海中出现的画面很可能是以北京八达岭长城为代表的、在崇山峻岭间绵延起伏的明代砖长城的样子,但是,我国绝大多数地区的长城并不是这样的。本页挑选了各地有代表性的长城景观,一定比你想象的要丰富呢!

北京延庆的八达岭长城

宁夏面积虽小,却密集分布着多个朝代的长城。

宁夏青铜峡的明长城

图例

—— 国界

---- 未定国界

—— 省界

—— 长城墙体

● 部分独立于墙体的长城建筑

✕ 部分出现在本书中的重要地点

▨ 有长城分布的行政区

新 疆 维 吾 尔 自 治 区

玉门关 ✕

甘

嘉峪关 ✕

青

新疆库车的烽燧

尽管新疆尚未被确认发现长城墙体,但这里却竖立着上百座建于汉代和唐代的烽燧。这些烽燧均为土质,耸立千年而不倒。位于库车的克孜尔尕哈烽燧,高达16米,令人过目难忘。

甘肃敦煌的玉门关

玉门关是西汉丝绸之路上通往西域的重要门户,因"春风不度玉门关"的诗句而闻名。基于汉简记载,很多学者认为敦煌西北的夯土城堡——小方盘城即是玉门关的遗址。

甘肃金塔的汉长城

在甘肃的戈壁上,受材料所限,人们只能就地取材,在黏结力差的沙砾中加入红柳、芦苇等本地植物,修筑长城。如今,一些墙体的沙土被风吹散,只留下层层树枝。

除了图中所示的长城,在我国其他地方也发现了与长城相似的古代遗址,包括湖北十堰的古代长城遗迹、湖南湘西的苗疆长城,以及辽宁和吉林的清代"柳条边"等。尽管这些遗迹在我国的文物保护体系中尚未被认定为长城,但这不代表它们没有保护价值。

青海的最东侧也有一段明长城,它独立于明长城的主线,基本都是夯土结构。

青海贵德的烽

为了防御蒙古骑兵，金朝在如今的内蒙古、黑龙江等地修建了数千千米长、由壕沟和墙体组成的金界壕。如今在金界壕遗址上，我们只能看到延绵不绝的隆起的土坡。

内蒙古和黑龙江的金界壕

明朝时，河北和山西的北部是京师最重要的防线，大量城堡星罗棋布，得胜堡即其中之一。与山西的很多其他传统建筑一样，得胜堡门楼的砖雕格外精致，为粗犷坚固的堡垒增添了几分秀美。

山西大同的得胜堡

内蒙古拥有全国最丰富的长城资源，其中，秦长城为蒙恬率军所建，用石块垒筑而成。

固阳的秦长城

为防止敌人在河流的枯水期顺河道攻破长城，明朝在辽宁绥中的河上修建了一座九孔的"城桥"。枯水期关闭桥洞以御敌，洪水期则打开桥洞以泄洪。

辽宁绥中的九门口

大境门
金山岭
得胜堡
八达岭
黄崖关
箭扣
山海关
虎山
老牛湾
紫荆关
雁门关
横城　镇北台　建安堡

陕西榆林的镇北台因明朝与北方蒙古族的和平互市而建。总高近30米的高台用来监控旁边市场内的情况再合适不过。

榆林的镇北台

河南境内现存有战国时期赵国、魏国和楚国的长城，因为年代太过久远，大多已经残破。其中，楚长城是我国现存最靠南的长城，被当地人称为"土龙"。

河南南阳的楚长城

目前已知的山东境内的长城属于战国时期的齐国。大部分长城遗址已经非常低矮，有些局部存有垛口，学者推测其为清代重修的部分。

山东章丘的齐长城

河北秦皇岛的山海关

山海关是明代东部的重要关隘，高大的墙体从山上延伸到海中，形成了雄壮的奇观，享有"天下第一关"的美誉。

3

长城有多长

长城长万里吗？

这个问题并没有看上去那么简单。事实上，直到最近几年才终于有人能比较明确地说出它的答案，这离不开大量调查工作的积累。

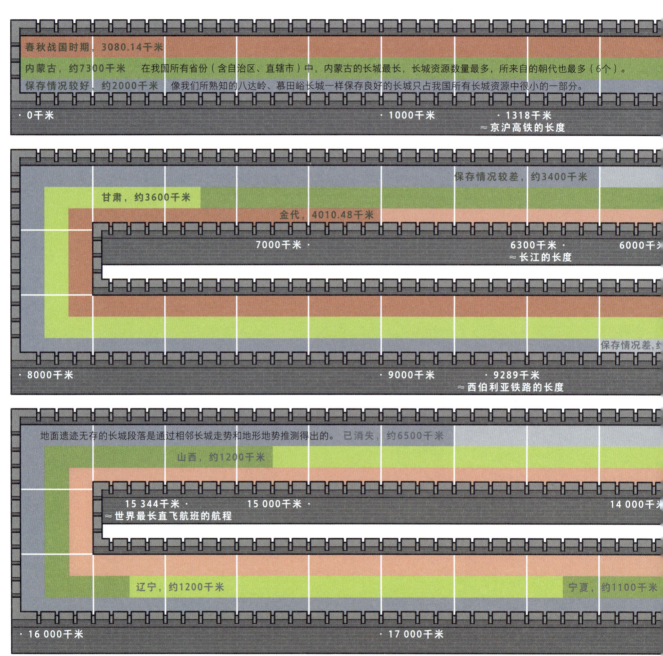

春秋战国时期，3080.14千米

内蒙古，约7300千米　在我国所有省份（含自治区、直辖市）中，内蒙古的长城最长，长城资源数量最多，所来自的朝代也最多（6个）。

保存情况较好，约2000千米　像我们所熟知的八达岭、慕田峪长城一样保存良好的长城只占我国所有长城资源中很小的一部分。

· 0千米　　· 1000千米　　· 1318千米 ≈ 京沪高铁的长度

保存情况较差，约3400千米

甘肃，约3600千米

金代，4010.48千米

7000千米 ·　　6300千米 · ≈ 长江的长度　　6000千米

保存情况差，

· 8000千米　　· 9000千米　　· 9289千米 ≈ 西伯利亚铁路的长度

地面遗迹无存的长城段落是通过相邻长城走势和地形地势推测得出的。　已消失，约6500千米

山西，约1200千米

15 344千米 ·　　15 000千米　　14 000千米 ≈ 世界最长直飞航班的航程

辽宁，约1200千米　　宁夏，约1100千米

· 16 000千米　　· 17 000千米

别人家的"长城"

除了中国，世界上很多其他国家也通过修建长城来抵御外敌。其中著名的有英国的哈德良长城、安东尼长城和德国的日耳曼长城，以及伊朗萨珊王朝的戈尔干长城等。但它们都远远短于中国的长城。

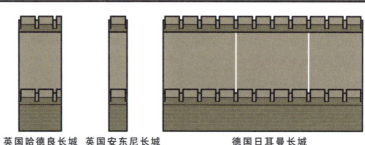

英国哈德良长城 117千米　　英国安东尼长城 63千米　　德国日耳曼长城 568千米

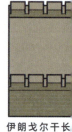

伊朗戈尔干长城 195千米

测量长城的长度肯定不是一件轻松事。开始于2006年的"长城资源调查"，历经6年，终于得出了一个结果。

调查工作需要文物部门和测绘部门协力完成 → GPS定位 → 现场标绘调查对象 → 全站仪测绘关键坐标

文物　测绘

1. 前期的准备工作
正式调查之前，先要做规范制定、试点测验、人员培训等准备工作。

2. 跋山涉水的调查
上千名专业人员历时3年半，完成了对长城全覆盖的实地勘查。

3. 整理并统计数据
利用实地调研得到的海量数据，在电脑上进行识别、绘图和测量。

4. 确认并发布成果
专家们审核调查结果，确定各遗迹是否为长城资源以及它们的年代。

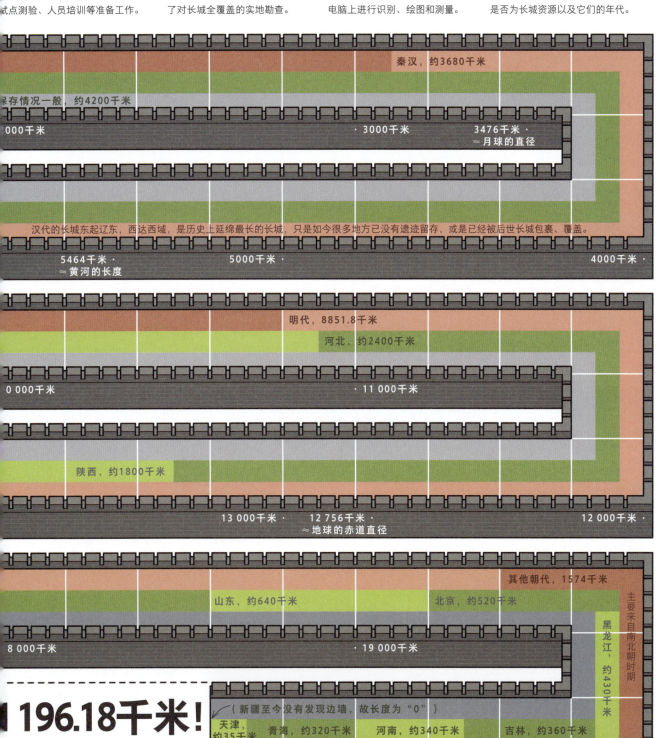

秦汉，约3680千米

保存情况一般，约4200千米

000千米　　3000千米　　3476千米 ·
≈月球的直径

汉代的长城东起辽东，西达西域，是历史上延绵最长的长城，只是如今很多地方已没有遗迹留存，或是已经被后世长城包裹、覆盖。

5464千米 ·
≈黄河的长度　　5000千米 ·　　4000千米

明代，8851.8千米

河北，约2400千米

0 000千米　　11 000千米

陕西，约1800千米

13 000千米 ·　12 756千米 ·
≈地球的赤道直径　　12 000千米

其他朝代，1574千米

山东，约640千米　　北京，约520千米

主要来自南北朝时期

8 000千米　　19 000千米

黑龙江，约4430千米

196.18千米！

，国家文物局宣布了基于6年的调查而统计出境内历代长城总长度——21 196.18千米，而未的调查工作可能还会让这个数字增加。

（新疆至今没有发现边墙，故长度为"0"）

天津，约35千米　　青海，约320千米　　河南，约340千米　　吉林，约360千米

21 000千米　　20 000千米
≈北极到南极的距离

长城沿线

如果沿着长城从西走到东，你都会经历什么？

1908年，探险家威廉·埃德加·盖洛完成了从山海关到嘉峪关的徒步考察，成为有记载的实现此举的第一人。这段旅程一定很浪漫，但对你我来说，过于艰辛，很难去亲身体验。所以这张图将用简洁、直观的方式向你展示，沿着明代的万里长城，从最西端的嘉峪关到最东端的虎山，你所能经历的。

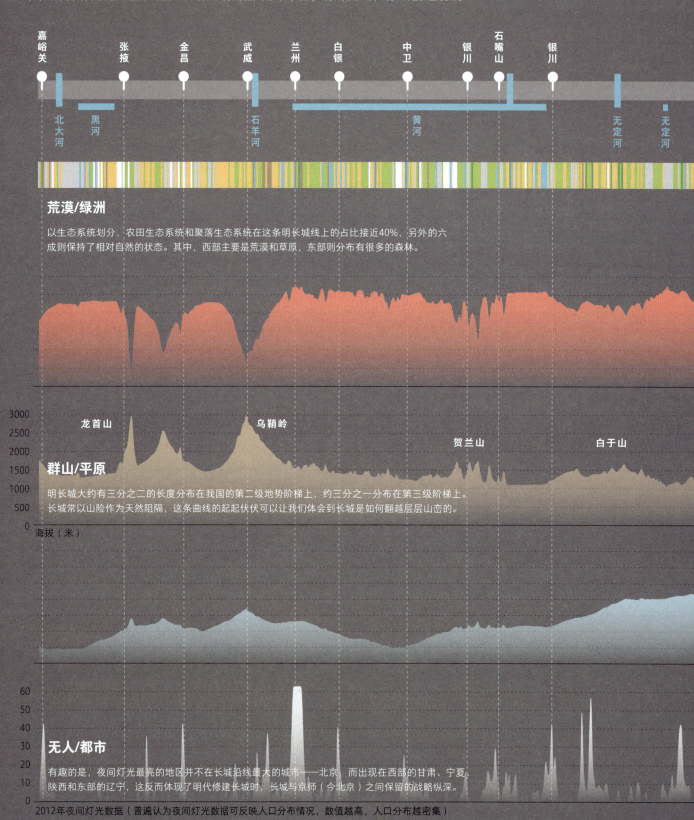

荒漠/绿洲

以生态系统划分，农田生态系统和聚落生态系统在这条明长城线上的占比接近40%，另外的六成则保持了相对自然的状态。其中，西部主要是荒漠和草原，东部则分布有很多的森林。

群山/平原

明长城大约有三分之二的长度分布在我国的第二级地势阶梯上，约三分之一分布在第三级阶梯上。长城常以山险作为天然阻隔，这条曲线的起起伏伏可以让我们体会到长城是如何翻越层层山峦的。

海拔（米）

无人/都市

有趣的是，夜间灯光最亮的地区并不在长城沿线最大的城市——北京，而出现在西部的甘肃、宁夏、陕西和东部的辽宁，这反而体现了明代修建长城时，长城与京师（今北京）之间保留的战略纵深。

2012年夜间灯光数据（普遍认为夜间灯光数据可反映人口分布情况，数值越高，人口分布越密集）

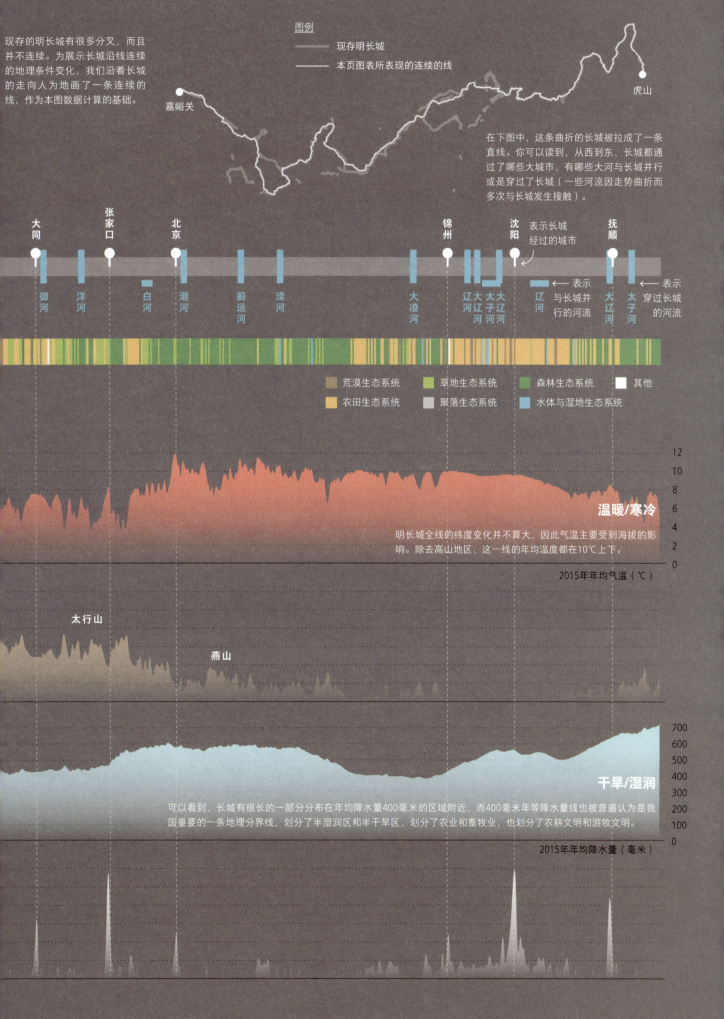

现存的明长城有很多分叉，而且并不连续。为展示长城沿线连续的地理条件变化，我们沿着长城的走向人为地画了一条连续的线，作为本图数据计算的基础。

图例

—— 现存明长城

······ 本页图表所表现的连续的线

嘉峪关

虎山

在下图中，这条曲折的长城被拉成了一条直线。你可以读到，从西到东，长城都通过了哪些大城市，有哪些大河与长城并行或是穿过了长城（一些河流因走势曲折而多次与长城发生接触）。

大同　张家口　北京　锦州　沈阳　抚顺

表示长城经过的城市

御河　洋河　白河　潮河　蓟运河　滦河　大凌河　辽河　大辽河　太子河　大辽河　辽河

← 表示与长城并行的河流

大辽河　太子河

← 表示穿过长城的河流

荒漠生态系统　　草地生态系统　　森林生态系统　　其他

农田生态系统　　聚落生态系统　　水体与湿地生态系统

温暖/寒冷

明长城全线的纬度变化并不算大，因此气温主要受到海拔的影响。除去高山地区，这一线的年均温度都在10℃上下。

12
10
8
6
4
2
0

2015年年均气温（℃）

太行山

燕山

700
600
500
400
300
200
100
0

干旱/湿润

可以看到，长城有很长的一部分分布在年均降水量400毫米的区域附近，而400毫米年等降水量线也被普遍认为是我国重要的一条地理分界线，划分了半湿润区和半干旱区，划分了农业和畜牧业，也划分了农耕文明和游牧文明。

2015年年均降水量（毫米）

修还是不修，这是个问题

古人为什么修建长城？

修长城与否自古以来都是被激烈讨论的话题。支持者认为长城可以宣示主权，震慑邻国，防御外敌，还能减少防御游牧民族之苦。反对者却表示，丰功伟业之下白骨累累，民心尽失，且有城无守，未见得有御敌之效。修，还是不修，众说纷纭，你又做何判断呢？

村发生了什么？

…长城最早载于《左传》，
…回应齐桓公伐楚言论。
…国时期各国基本都修筑了
…，主要类型有二：互防长
…拒胡长城。
…秦始皇令蒙恬修筑长城，
…通战国时期燕赵秦长城，
…太万里。
…亥发动政变，赐死蒙氏兄
…蒙恬吞药自杀。
…汉武帝北逐匈奴，向河西
…迁居民，驻扎军队，修筑长
…建成自辽东至罗布泊的汉
…，总长超过两万里。

⑥汉武帝下《轮台诏》，否决了在轮台地区屯田的提案。
⑦北魏中书监高闾上奏陈述筑长城之利，最终设计并修筑了北魏长城。
⑧北齐长城由文宣帝高洋下令修建，共修筑六次。其规模之大，仅次于秦、汉长城。
⑨隋朝共修筑长城七次，隋炀帝游经榆林时作《饮马长城窟行》一首。
⑩唐太宗推崇华夷一体，对于修建长城不甚推崇，认为其落于下乘。
⑪金长城的修筑一度因旱灾及

张万公等大臣反对而停建。后在完颜襄等的力主下复开。
⑫自明太祖起，明朝各代皇帝都力主修长城，且多高官名将参与其中，修筑的设计和技术水平均有较大提升。
⑬明朝蓟辽总督刘焘曾多次上书反对修墙，因为长城战线漫长，且守备薄弱。
⑭清圣祖曾下令不修边墙，但清朝对重要关口和长城段都有过修缮和使用。
⑮鲁迅撰文《长城》，称其为"伟大而可诅咒的"。

秦将领 蒙恬

…长城，会遭报应！
拼许多年，竟落…凄凉下场。想来…长达万里，一定…中伤到了地脉…罪过！…害我！

死

也不都怪我啊……

太史公 司马迁

不顾民情修长城，好大喜功而已！
秦刚灭了诸侯，人心惶惶，战乱之祸尚未平息。蒙恬作为名将，本应劝诫君主，急百姓之所急，养老存孤，使得天下和睦。今观蒙恬，一意兴功，筑长城，建亭障，堑山堙谷，贯通直道，全然不在意劳百姓之力，简直恶劣！
如此说来，其兄弟二人落得被诛的下场，也是罪有应得！

一些人物对长城的看法在不同阶段有所转变，比如汉武帝：

汉武帝 刘彻

修长城，扰民心，我现在觉得不行。
朕过去不够明智，兴兵千里之外，粮草供给尚成问题，导致人力疲惫，士兵流散或死亡，实为悲痛。
现在，有人提出想要在更远的轮台建烽火台，这是要让天下人受尽劳苦，扰乱民心，而不是优待百姓啊！
朕现在听这种话实在心有不忍！

⑥ 之前是我错了……

苦啊……

金大臣 张万公

想修也修不起来啊！
如今干旱，而且风沙大，长城一开工就会被风沙吹平，于御敌无益，平白浪费劳力，不如不建。

修长城？没这个必要。
不战而屈人之兵，上也。
百战百胜，中也。
挖沟垒墙自守，下也！
况且突厥并不同心，极其暴虐，他们自相残杀，亡在朝夕，何苦劳民伤财修长城来防守？

唐太宗 李世民

修了也白修！
隋炀帝劳动百姓，修建长城，留下千古骂名，来防范突厥，结果也没有收获到好处嘛！

⑩

明将领 刘焘

有修长城的心力，还不如用来修民心吧！
自秦以来，代代都修建长城，但哪个朝代没有边患？明朝广建长城，我太祖带兵不还是能长驱直入？可见守国之道，在于修得民心。得民心者得国家之本，边境自然就会牢固了。所谓"众志成城"，就是这个意思吧！

修，没人守，作甚？
…闻，修长城自古以…是下策。屡被突…提，不少已建好的…如今也已弃守。…长城修好，军队人…足也是无用，有城…岂不贻笑大方？

反方：不修！

⑬

话是这么说，但必要之时也还是可以修一修的……

清圣祖 爱新觉罗·玄烨

⑭

长城救不了中国人！
何时才不给长城添新砖呢？这伟大而可诅咒的长城！

民国作家 鲁迅

⑮

秦　南北朝　隋　唐　金　明　清

千年城事

长城都发生过哪些大事件?

悠悠两千多年，大兴土木、战火纷乱、民族交流、自然灾害……这些发生在长城上的故事，最终都成为了长城不可或缺的一部分。

图例

阶梯的横轴位置表示修筑的时间

边壕
边墙
阶梯抬升的高度表示此次修筑长城的长度

战役　重大活动　自然灾害

本图的主体是这样的一个阶梯。阶梯的每一次抬升，都表示历史文献中一次长城修筑的记载。

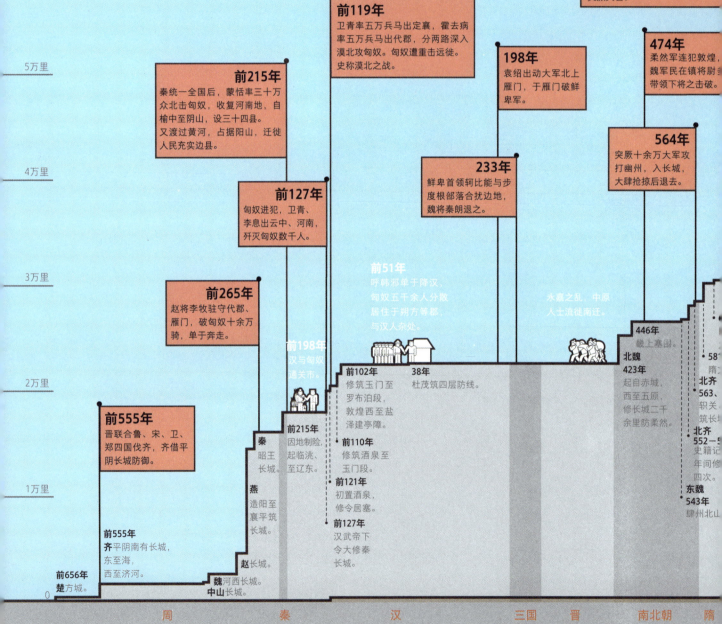

630年
李靖率十万大军，出雁门，征讨突厥，突厥可汗颉利撤退。李勣出云中，于白登大败突厥。同年二月，于阴山生俘颉利可汗，东突厥灭亡。

前119年
卫青率五万兵马出定襄，霍去病率五万兵马出代郡，分两路深入漠北攻匈奴。匈奴遭重击远徙。史称漠北之战。

前215年
秦统一全国后，蒙恬率三十万众北击匈奴，收复河南地，自榆中至阴山，设三十四县。又渡过黄河，占据阳山，迁徙人民充实边县。

198年
袁绍出动大军北上雁门，于雁门破鲜卑军。

474年
柔然军连犯敦煌，魏军民在镇将尉□带领下将之击破。

前127年
匈奴进犯，卫青、李息出云中、河南，歼灭匈奴数千人。

233年
鲜卑首领轲比能与步度根部落合扰边地，魏将秦朗退之。

564年
突厥十余万大军攻打幽州，入长城，大肆抢掠后退去。

前265年
赵将李牧驻守代郡、雁门，破匈奴十余万骑，单于奔走。

前51年
呼韩邪单于降汉，匈奴五千余人分散居住于朔方等郡，与汉人杂处。

永嘉之乱，中原人士流徙南迁。

前198年
汉与匈奴通关市。

前555年
晋联合鲁、宋、卫、郑四国伐齐，齐借平阴长城防御。

前555年
齐平阴南有长城，东至海，西至济河。

秦
昭王长城。

燕
造阳至襄平筑长城。

前215年
因地制险，起临洮，至辽东。

前102年
修筑玉门至罗布泊段，敦煌西至盐泽建亭障。

38年
杜茂筑四层防线。

446年
畿上塞围。

北魏
423年
起自赤城，西至五原，修长城二千余里防柔然。

58□
隋

北齐
563年
□关□筑长□

北周
552—5□
史籍记□年间修□四次。

前110年
修筑酒泉至玉门段。

前121年
初置酒泉，修令居塞。

前127年
汉武帝下令大修秦长城。

东魏
543年
肆州北山□

前656年
楚方城。

魏河西长城。
中山长城。

赵长城。

周　秦　汉　三国　晋　南北朝　隋

| 前7世纪 | 前6世纪 | 前5世纪 | 前4世纪 | 前3世纪 | 前2世纪 | 前1世纪 | 1世纪 | 2世纪 | 3世纪 | 4世纪 | 5世纪 | 6世纪 |

294年
上谷、居庸地震。地陷裂，水泉涌出。

5万里　4万里　3万里　2万里　1万里　0

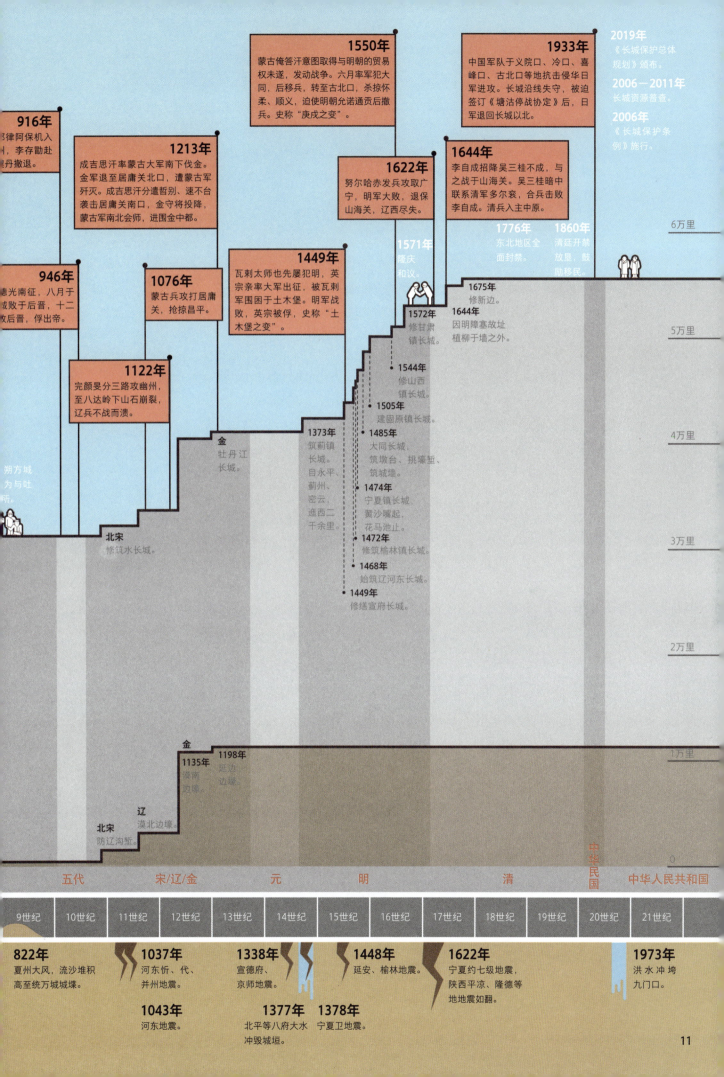

916年
邪律阿保机入...州，李存勗赴...丹撤退。

1213年
成吉思汗率蒙古大军南下伐金。金军退至居庸关北口，遭蒙古军歼灭。成吉思汗分遣哲别、速不台袭击居庸关南口，金守将投降，蒙古军南北会师，进围金中都。

1550年
蒙古俺答汗意图取得与明朝的贸易权未遂，发动战争。六月率军犯大同，后移兵，转至古北口，杀掠怀柔、顺义，迫使明朝允诺通贡后撤兵。史称"庚戌之变"。

1933年
中国军队于义院口、冷口、喜峰口、古北口等地抗击侵华日军进攻。长城沿线失守，被迫签订《塘沽停战协定》后，日军退回长城以北。

2019年
《长城保护总体规划》颁布。
2006—2011年
长城资源普查。
2006年
《长城保护条例》施行。

946年
...德光南征，八月于...成败于后晋，十二...攻后晋，俘出帝。

1076年
蒙古兵攻打居庸关，抢掠昌平。

1122年
完颜曼分三路攻幽州，至八达岭下山石崩裂，辽兵不战而溃。

1449年
瓦剌太师也先屡犯明，英宗亲率大军出征，被瓦剌军围困于土木堡。明军战败，英宗被俘，史称"土木堡之变"。

1622年
努尔哈赤发兵攻取广宁，明军大败，退保山海关，辽西尽失。

1571年
隆庆和议。

1644年
李自成招降吴三桂不成，与之战于山海关。吴三桂暗中联系清军多尔衮，合兵击败李自成。清兵入主中原。

1776年
东北地区全面封禁。

1860年
清廷开禁放垦，鼓励移民。

1675年
修新边。
1644年
因明障塞故址植柳于墙之外。

1572年
修甘肃镇长城。

1544年
修山西镇长城。

1505年
建固原镇长城。

1485年
大同长城，筑墩台、挑壕堑、筑城墙。

1474年
宁夏镇长城，黄沙嘴起，花马池止。

1472年
修筑榆林镇长城。

1468年
始筑辽河东长城。

1449年
修缮宣府长城。

1373年
筑蓟镇长城。自永平、蓟州、密云，迤西二千余里。

金
牡丹江长城。

北宋
修筑水长城。

朔方城...为与吐...听。

金
1135年
漠南边壕。
1198年
延边边壕。

辽
漠北边壕。

北宋
防辽沟堑。

6万里
5万里
4万里
3万里
2万里
1万里
0

五代　　宋/辽/金　　元　　明　　清　　中华民国　　中华人民共和国

| 9世纪 | 10世纪 | 11世纪 | 12世纪 | 13世纪 | 14世纪 | 15世纪 | 16世纪 | 17世纪 | 18世纪 | 19世纪 | 20世纪 | 21世纪 |

822年
夏州大风，流沙堆积高至统万城城堞。

1037年
河东忻、代、并州地震。

1338年
宣德府、京师地震。

1448年
延安、榆林地震。

1622年
宁夏约七级地震，陕西平凉、隆德等地地震如翻。

1973年
洪水冲垮九门口。

1043年
河东地震。

1377年
北平等八府大水冲毁城垣。

1378年
宁夏卫地震。

11

墙垣

长城是一项军事防御工程，但当我们面对那山峦间绵延起伏的高大墙体时，往往是把它当作一件伟大的建筑杰作来欣赏的。长城是世界公认的建筑奇迹之一，它从选址、取材、设计到建造的各个方面，都是从军事防御需求出发的，但这并没有妨碍它作为建筑作品在形态上的发挥。

这一章我们将探秘长城的形态与其背后功能之间的关系，看它们如何相辅相成地成就长城这样伟大的建筑。

观察长城

长城是由哪些部分组成的?

从建筑角度看，长城并不像很多古代木结构建筑那样复杂。但是，从实际功能出发，长城仍然发展出了不少颇具特色的建筑元素。让我们以一段明代砖长城为例，看看长城的各个部分都有什么作用吧！

（本页长城形象以金山岭长城为基础改编绘制）

楼橹
也叫望楼、望亭，是敌台顶层的木结构建筑，为士兵提供了遮风挡雨的室内空间。有些楼橹从内部与敌台下层直接相连。

士兵在障墙后射击

障墙
在比较陡峭的边墙上，有时会连几道与墙垂直的短墙，即障墙。望孔和射孔。这样可以避免让守暴露，守军也可以凭借短墙节省

吐水嘴
一些重要部位沟外设有突出吐水嘴，这样免墙基被排出刷侵蚀。

砖檐

箭窗
士兵通过箭窗瞭望和射击，因此箭窗数量往往可以用来评判一座敌楼（建于敌台上的城楼）的火力强弱。

券门

基座

敌台

沿着边墙每隔一段距离所设置的突出于墙体的高台就是敌台。它为防御者提供了较大的作战空间，同时可以发现并消灭位于边墙下的敌人。敌台有空心和实心之分，空心敌台内部可以用来驻军和储备军需。本图中的敌台都是空心敌台。

暗门
在边墙外侧一些隐秘的地方还会设置暗门，作用是可以让守方士兵出其不意地在墙外以杀敌。有时甚至会将暗门遮挡起来，避免被敌军发现。

礌石槽
从礌石孔投下的礌石，沿着礌石槽滚下，碰击敌人。精巧的设计让礌石孔从外侧难以被看到，从而保护守军安全。

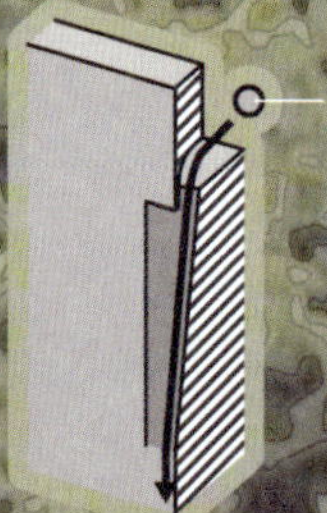

礌石由墙内通过礌石孔顺着礌石槽被投出墙外

垛墙

垛口
垛口一般出现在边墙外侧，是墙续的凹口。透过它们，守军可观察和射击。为了扩大视野，垛外往往设计为"八"字形。

烽火台

顾名思义，烽火台就是用来点燃烽火传递军情的高台。除了独立设置的烽火台，也有敌台兼具烽火台功能的情况。烽火台在古代通常被称作"烽燧""墩台"等。

扩大的视野

士兵隐蔽在垛墙后，并透过垛
（顶视图）

14

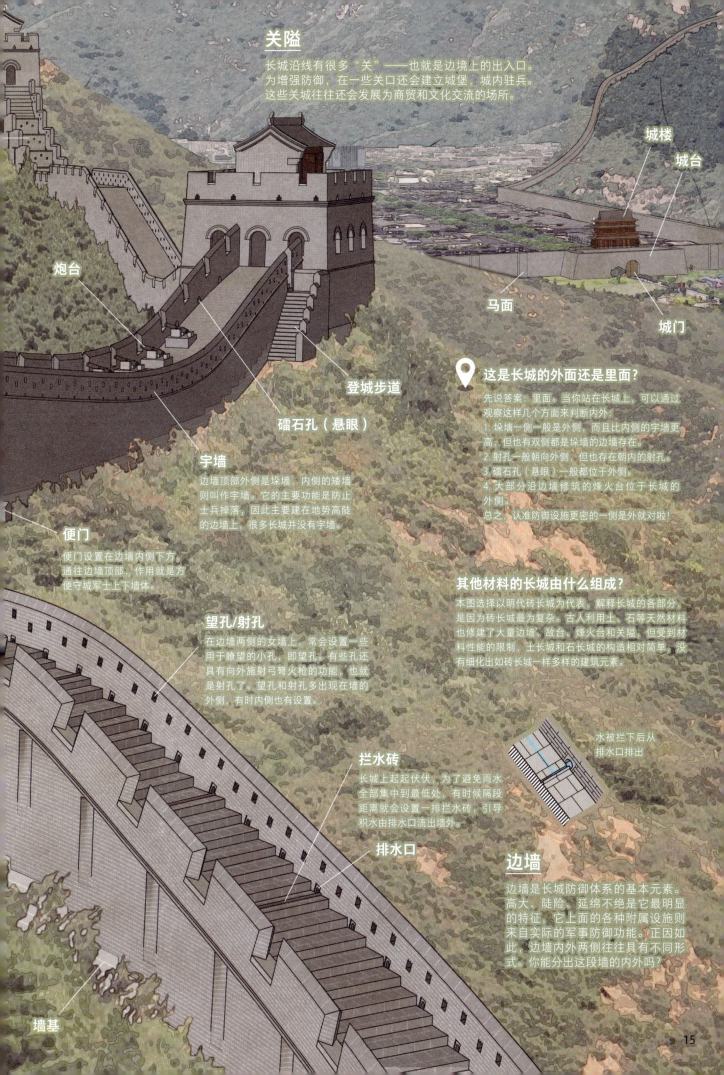

关隘

长城沿线有很多"关"——也就是边境上的出入口。为增强防御，在一些关口还会建立城堡，城内驻兵。这些关城往往还会发展为商贸和文化交流的场所。

城楼

城台

马面

城门

炮台

登城步道

礌石孔（悬眼）

这是长城的外面还是里面？

先说答案：里面。当你站在长城上，可以通过观察这样几个方面来判断内外：
1. 垛墙一侧一般是外侧，而且比内侧的宇墙更高，但也有双侧都是垛墙的边墙存在。
2. 射孔一般朝向外侧，但也存在朝内的射孔。
3. 礌石孔（悬眼）一般都位于外侧。
4. 大部分沿边墙修筑的烽火台位于长城的外侧。
总之，认准防御设施更密的一侧是外就对啦！

宇墙

边墙顶部外侧是垛墙，内侧的矮墙则叫作宇墙。它的主要功能是防止士兵掉落，因此主要建在地势高陡的边墙上，很多长城并没有宇墙。

便门

便门设置在边墙内侧下方，通往边墙顶部，作用就是方便守城军士上下墙体。

其他材料的长城由什么组成？

本图选择以明代砖长城为代表，解释长城的各部分，是因为砖长城最为复杂。古人利用土、石等天然材料也修建了大量边墙、敌台、烽火台和关隘，但受到材料性能的限制，土长城和石长城的构造相对简单，没有细化出如砖长城一样多样的建筑元素。

望孔/射孔

在边墙两侧的女墙上，常会设置一些用于瞭望的小孔，即望孔。有些孔还具有向外施射弓弩火枪的功能，也就是射孔了。望孔和射孔多出现在墙的外侧，有时内侧也有设置。

拦水砖

长城上起起伏伏，为了避免雨水全部集中到最低处。有时候隔段距离就会设置一排拦水砖，引导积水由排水口流出墙外。

排水口

水被拦下后从排水口排出

边墙

边墙是长城防御体系的基本元素。高大、陡险、延绵不绝是它最明显的特征，它上面的各种附属设施则来自实际的军事防御功能。正因如此，边墙内外两侧往往具有不同形式。你能分出这段墙的内外吗？

墙基

为长城选址

面对复杂的地形，长城要建在哪里？

"因地形，用制险塞"，司马迁在《史记》中这样描述秦长城的修建。长城是巨大的人造防御工事，我们可能因此忽视自然条件的重要性。确定长城修建的位置时，如何充分利用自然地形、地貌，是必须要考虑的问题。

这张图中展示了在一个给定的地形上，长城可能的建造位置和相应的选址原因。图中地形和长城选址均为示意，不代表真实长城的建造情况。

图例

边墙可能的选址

关隘可能的选址

烽火台可能的选址

假设敌人的进攻方向

沿河修筑的关堡

尽管河流可以阻挡敌人，但在枯水期仍可能被穿越，因此，在沿河的险要位置常会设置关隘。
实例：河北倒马关、独石城、北京沿河城等。

连接山口的边墙

为了防止敌人沿山谷进犯，两山之间常用边墙连接。边墙或终止于两侧的山脚处，或沿着山坡继续延伸。
实例：河南楚长城、天津黄崖关等。

沿着山顶的边墙

高大的山体本身就是阻挡敌军人马的屏障，很多地区的长城利用这一点，把长城沿着山顶和山坡的交界线或者干脆沿着山脊建造，最大限度利用高山的阻绝作用，同时也获得了居高临下的开阔视野。在地势更陡峭的地方，甚至不需要修建长城，直接利用山险或通过少量削凿改造地形，就能有效地防御敌人了。我们今天看到的长城在山间连绵起伏的标志性景观，其实也来自从功能出发的选址原则。
实例：山东齐长城、内蒙古固阳秦长城、北京八达岭长城等。

山地中平行于河流的边墙

在有河流穿过的山谷中，可以利用山、水和城墙组成多重防线。城墙可以沿着河流建造，但当河岸过于狭窄时，就需要绕到山上。
实例：山西河曲县一带的边墙等

除了地形，长城选址时还会考虑哪些因素？

已有的长城

长城的建造是逐渐积累的过程，很多朝代会以前朝留下的长城作为基础，加以增建和修补。比如明长城的很多部分就源自北魏、北齐和隋代建造的长城。

各个部分间的关联

长城的边墙、敌台、城堡和烽火台等部分有着很强的关联性，选址时须考虑彼此间的位置关系。比如在一些地区，敌台和烽火台的建造会在先，边墙选址时就会把它们串联起来。

成本

建造长城耗费成本之高，是历朝历代都不能回避的问题。在多山地区选择以山险作为屏障，是对地形的合理利用，而同样重要的是这样做可以节约建造成本。

交通干道

在穿过长城的干道上设置关口，甚至关城，这不只是出于军事防御的考虑，与如今的边关一样，它还在商贸、税收、文化交流等方面发挥功能。

兵器性能

守卫长城时，弓箭和明代大规模装备的火器是主要使用的兵器。明代规定两座敌台的间距需在有效射程之内。而敌台与边墙如何组合，同样需要考虑武器火力的覆盖范围。

并非越密越好的烽火台

烽火传递过程中会出现错误，为降低犯错的概率，烽火台的设置并非越密越好，而应该在满足互视的前提下，精简烽火台的数量。因此，烽火台之间的视线联系就需要精细的考量。

建于垭口的关堡

垭口是山脊间的鞍状凹陷。把关隘建在垭口，居高临下、视野开阔、易守难攻，还可以与山上的其他防御设施相互联系。
实例：山西雁门关、平型关等。

占领制高点的烽火台

烽火台一般都建在高处，一是为了扩大视野，更及时地观察敌情以及获取其他烽火台的讯息；二是出于烽火台本身的防御需求。

山口的关堡

的山口设置关隘，可以起到"一夫当关万夫莫开"的效果。在狭窄的山口处，简单的关口；而在空间更宽阔的山口可以设置关城。这些关隘还往往与敌火台配合，形成综合防区。
七京居庸关、古北口关等。

以山为起始的边墙

除了河流，高山也可以作为长城开端处的天然险阻。选择异常高耸、陡峭的山体，并将长城垂直于山坡建造，便可以起到这种效果。
实例：始于华山北麓的魏长城，始于黄栌岭的北齐长城。

疏密有致的敌台

大部分敌台都是随着边墙修建，但每一座敌台的设置仍然需要因地制宜。对此，《皇明经世文编》中写得很明确："山平墙低坡小势冲之处则密之，高坡陡墙之处则疏之。"

为起始的边墙

建的长城有多长，总归需要一个开防止敌人从长城的尽端轻松地绕进长城往往从自然天险开始建造，比湍急的河流。这样的做法在黄河流常见，而在墙的尽端一般还会设有马头，进一步加强防范。
宁夏横城堡、山西老牛湾等。

平原上平行于河流的边墙

平原地带并无山险可以倚仗，因此把河流作为屏障，长城平行于河流建造的情况非常普遍。一般情况下，长城建于河流的内侧，这样河流就起到了护城河的作用。但有时为了保护水源或出于其他原因，长城也会建在河流的外侧。
实例：沿易水修建的燕长城、沿疏勒河修建的汉长城、沿黄河修建的明长城等。

跨越河流的边墙

为消除枯水期或冬季河流结冰后敌人沿河侵入的风险，在一些河面较窄的地方会跨河修建长城，城墙下方有水门，使水正常通过。有时还会专门在跨河的地方建敌台，以增强防御能力。因为工程难度大，基本只有明长城中存在这种情况。
实例：辽宁九门口等。

沿着山腰或山脚的边墙

沿着半山腰或山脚处的等高线修建的长城，大多位于山坡迎敌的一侧，这样，城墙外低内高，便于守军防御。在一些地区，还会在山腰或山脚处通过铲削形成劈山墙。
实例：内蒙古的赵北长城、燕北长城等。

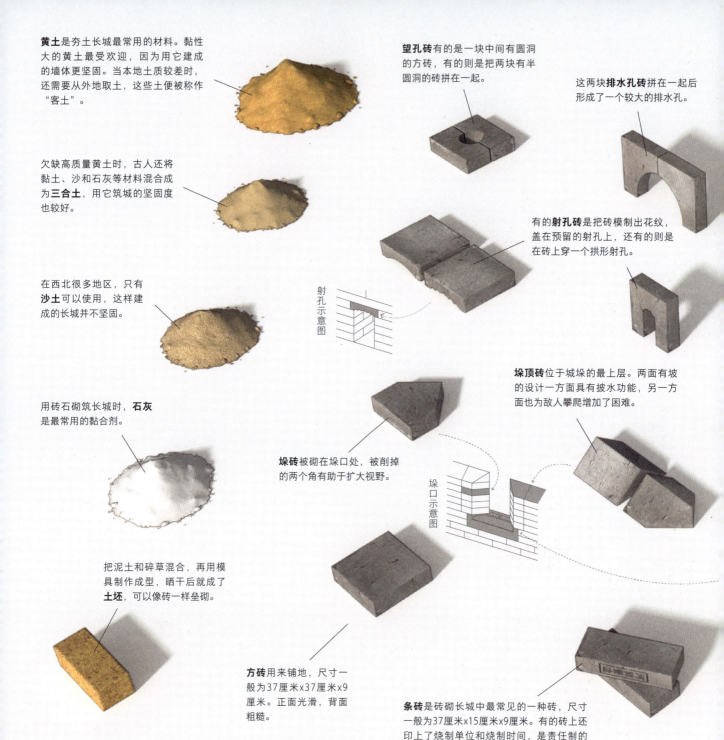

黄土是夯土长城最常用的材料。黏性大的黄土最受欢迎，因为用它建成的墙体更坚固。当本地土质较差时，还需要从外地取土，这些土便被称作"客土"。

望孔砖有的是一块中间有圆洞的方砖，有的则是把两块有半圆洞的砖拼在一起。

这两块**排水孔砖**拼在一起后形成了一个较大的排水孔。

欠缺高质量黄土时，古人还将黏土、沙和石灰等材料混合成为**三合土**，用它筑城的坚固度也较好。

有的**射孔砖**是把砖模制出花纹，盖在预留的射孔上，还有的则是在砖上穿一个拱形射孔。

在西北很多地区，只有**沙土**可以使用，这样建成的长城并不坚固。

射孔示意图

垛顶砖位于城垛的最上层。两面有坡的设计一方面具有披水功能，另一方面也为敌人攀爬增加了困难。

用砖石砌筑长城时，**石灰**是最常用的黏合剂。

垛砖被砌在垛口处，被削掉的两个角有助于扩大视野。

垛口示意图

把泥土和碎草混合，再用模具制作成型，晒干后就成了**土坯**，可以像砖一样垒砌。

方砖用来铺地，尺寸一般为37厘米x37厘米x9厘米。正面光滑，背面粗糙。

条砖是砖砌长城中最常见的一种砖，尺寸一般为37厘米x15厘米x9厘米。有的砖上还印上了烧制单位和烧制时间，是责任制的体现。

烧制长城砖

包砖长城出现于明代。尽管性能优越，但因为生产城砖要耗费大量人力、物力，只有在重点设防区才大量使用砖材。那么城砖是怎样烧制出来的呢？

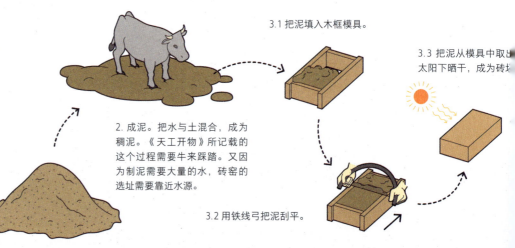

3.1 把泥填入木框模具。

3.3 把泥从模具中取出，太阳下晒干，成为砖坯。

2. 成泥。把水与土混合，成为稠泥。《天工开物》所记载的这个过程需要牛来踩踏。又因为制泥需要大量的水，砖窑的选址需要靠近水源。

1. 取土。关于土的选择，明代《天工开物》中写到，"以粘而不散，粉而不沙者为上。"位于黄河冲积平原上的华北地区就富含这样的优质土。

3.2 用铁线弓把泥刮平。

地方，未经加工处理的**毛石**直接建造长城。为了避免敌人从凹凸墙面上"攀岩"而上，往往将石平整的一面朝向外侧。

有些地区盛产**片石**，人们便将它们一片片垒起来，建成墙体。

筑造长城的材料

长城是用什么建造的？

万里长城始于一砖一石。本页中，我们搜集了建造长城最常用的一些建筑材料，主要包括土、砖、石和木材四大类。这些建材都不算复杂，有些甚至是未经加工的天然材料。

碎石可以和土混合起来，成为建城的材料。

射孔石与射孔砖的功能和形状基本相同，只是材料不同。

吐水嘴示意图

吐水嘴石一头大一头小，大的一头置于长城或敌楼的内侧，小的一头挑出墙外。

位于敌楼的券门或是一整块半圆材，或由两三块合而成。

券门示意图

不同形状的**条石**有很多功能，比如作为长城的基石，或是直接用于长城墙体，还可以作为门柱石、阶梯石使用。

垛口石安装在垛口上，两侧的三角形与垛砖相契合。对于中央圆孔的功能有很多推测，架设火器、安装盾牌、插放旗帜……至今未有定论。

木材不仅用于建造附属木构建筑，在盛产木材的地方，还会直接被用来建造木墙。

用版筑法建造夯土墙时，需要大量**木板**作为模具。在东北地区，偶尔也会出现用木板围成的墙体。

在西北戈壁地带，**红柳**、**梭梭木**等沙漠植物会被加入到夯土墙中，增加本不坚固的土墙的整体性。

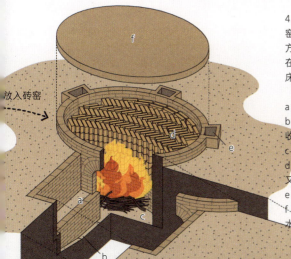

放入砖窑

4. 烧制。考古工作者已经发现了多座明代长城砖窑。事实上，在这些地区如今甚至仍在使用类似的方式制砖。这里展示的是一座地穴式砖窑，人们先在地下挖出窑体，再用砖坯砌筑窑壁、窑门、窑床、烟囱等部分。

a 操作室。窑工站在这里添加燃料、清理灰烬。
b 风道。位于操作室中央下方，用来为砖窑通风并收集灰烬。
c 火膛。呈弧形，能增大受热面积。
d 窑床上的砖坯。摆放砖坯既要考虑如何摆更多砖，又要通过砖的排列控制热量在窑内的传导。
e 烟囱。从窑底把烟排出地面。
f 窑顶。在一批砖烧制的后期，需要在窑顶反复浇水，在水汽和火焰的作用下将砖烧成。

5. 制砖对火候要求很高，《天工开物》中介绍了不同火候烧出的砖的性能差别。

正常的砖

火候少一成，釉色不光

火候少三成，仍为土坯颜色，易松散

火候多一成，出现裂纹

火候多三成，砖缩小、弯曲、破裂

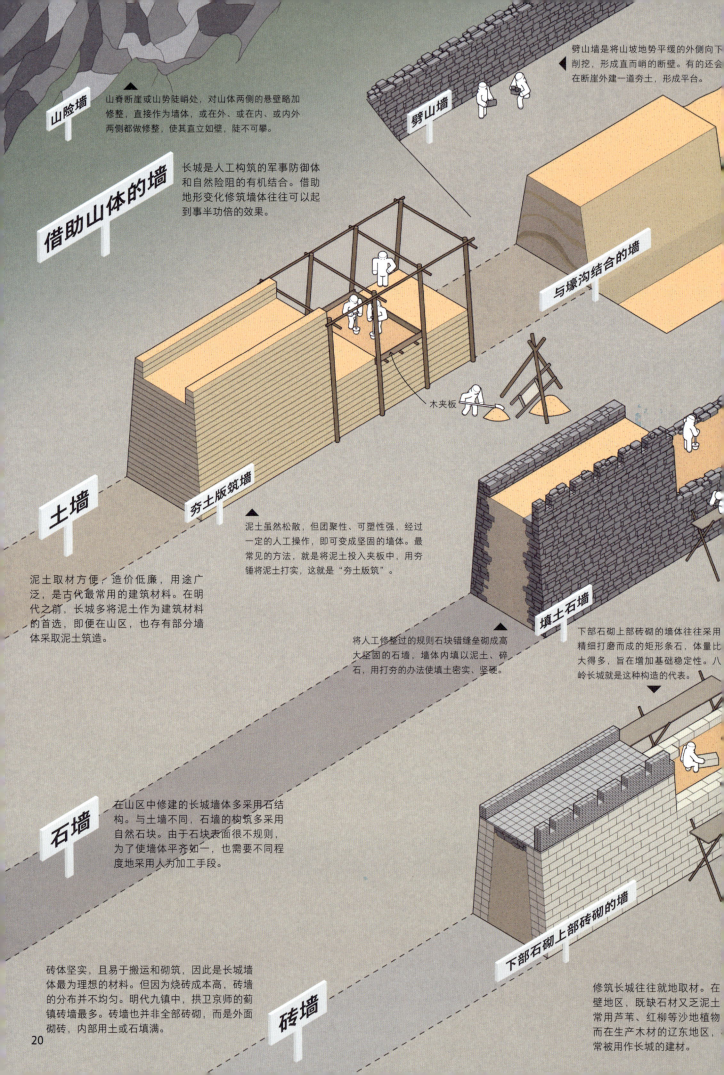

山险墙 山脊断崖或山势陡峭处，对山体两侧的悬壁略加修整，直接作为墙体，或在外、或在内、或内外两侧都做修整，使其直立如壁，陡不可攀。

劈山墙 劈山墙是将山坡地势平缓的外侧向下削挖，形成直而峭的断壁。有的还会在断崖外建一道夯土，形成平台。

借助山体的墙

长城是人工构筑的军事防御体和自然险阻的有机结合。借助地形变化修筑墙体往往可以起到事半功倍的效果。

与壕沟结合的墙

木夹板

土墙 **夯土版筑墙**

泥土虽然松散，但团聚性、可塑性强，经过一定的人工操作，即可变成坚固的墙体。最常见的方法，就是将泥土投入夹板中，用夯锤将泥土打实，这就是"夯土版筑"。

泥土取材方便，造价低廉，用途广泛，是古代最常用的建筑材料。在明代之前，长城多将泥土作为建筑材料的首选，即便在山区，也存有部分墙体采取泥土筑造。

填土石墙

将人工修整过的规则石块错缝垒砌成高大坚固的石墙，墙体内填以泥土、碎石，用打夯的办法使填土密实、坚硬。

下部石砌上部砖砌的墙体往往采用精细打磨而成的矩形条石，体量比大得多，旨在增加基础稳定性。八岭长城就是这种构造的代表。

石墙 在山区中修建的长城墙体多采用石结构。与土墙不同，石墙的构筑多采用自然石块。由于石块表面很不规则，为了使墙体平齐如一，也需要不同程度地采用人为加工手段。

下部石砌上部砖砌的墙

砖体坚实，且易于搬运和砌筑，因此是长城墙体最为理想的材料。但因为烧砖成本高，砖墙的分布并不均匀。明代九镇中，拱卫京师的蓟镇砖墙最多。砖墙也并非全部砖砌，而是外面砌砖，内部用土或石填满。

砖墙

修筑长城往往就地取材。在壁地区，既缺石材又乏泥土，常用芦苇、红柳等沙地植物而在生产木材的辽东地区，常被用作长城的建材。

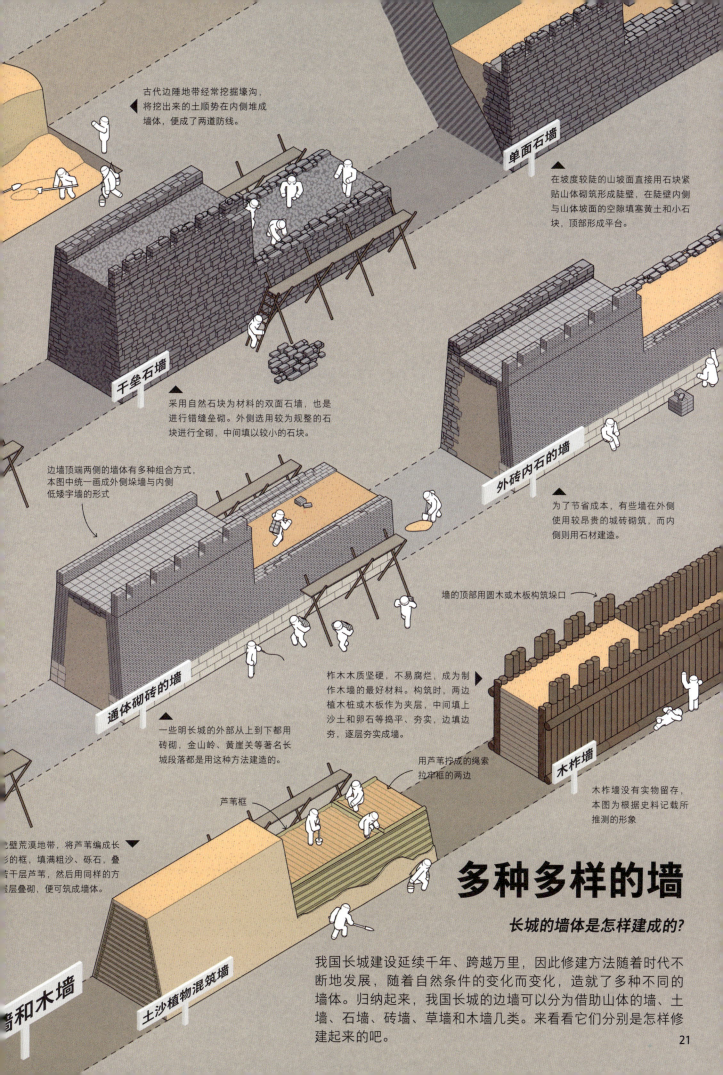

古代边陲地带经常挖掘壕沟，将挖出来的土顺势在内侧堆成墙体，便成了两道防线。

单面石墙

在坡度较陡的山坡面直接用石块紧贴山体砌筑形成陡壁，在陡壁内侧与山体坡面的空隙填塞黄土和小石块，顶部形成平台。

干垒石墙

采用自然石块为材料的双面石墙，也是进行错缝垒砌。外侧选用较为规整的石块进行全砌，中间填以较小的石块。

外砖内石的墙

为了节省成本，有些墙在外侧使用较昂贵的城砖砌筑，而内侧则用石材建造。

边墙顶端两侧的墙体有多种组合方式，本图中统一画成外侧垛墙与内侧低矮宇墙的形式

通体砌砖的墙

一些明长城的外部从上到下都用砖砌，金山岭、黄崖关等著名长城段落都是用这种方法建造的。

墙的顶部用圆木或木板构筑垛口

柞木木质坚硬，不易腐烂，成为制作木墙的最好材料。构筑时，两边植木桩或木板作为夹层，中间填上沙土和卵石等捣平、夯实，边填边夯，逐层夯实成墙。

用芦苇拧成的绳索拉牢框的两边

木柞墙

木柞墙没有实物留存，本图为根据史料记载所推测的形象

芦苇框

...壁荒漠地带，将芦苇编成长...的框，填满粗沙、砾石，叠...干层芦苇，然后用同样的方...层叠砌，便可筑成墙体。

...和木墙

土沙植物混筑墙

多种多样的墙

长城的墙体是怎样建成的？

我国长城建设延续千年、跨越万里，因此修建方法随着时代不断地发展，随着自然条件的变化而变化，造就了多种不同的墙体。归纳起来，我国长城的边墙可以分为借助山体的墙、土墙、石墙、砖墙、草墙和木墙几类。来看看它们分别是怎样修建起来的吧。

敌台和边墙的关系？

敌台的一个重要作用就是从侧面攻击，消除墙下射击死角，所以敌台不会完全建在边墙之内。绝大多数空心敌台都横跨在边墙上，建于墙的外沿或彻底独立于墙体的敌台相对罕见。

横跨在边墙上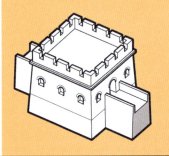

边墙的拐角处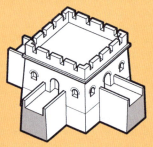

边墙的外沿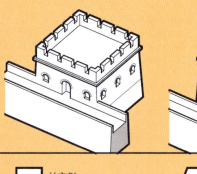

敌台是什么形状？

基于实际作战需求而建造的敌台形式朴素，往往采用正方形和长方形的建筑平面。如果是长方形，与边墙平行的方向上一般是长边。相比之下，圆形和平行四边形的敌台都非常罕见。

⭕ 圆形　如黄崖关的"凤凰楼"

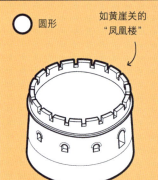

▢ 正方形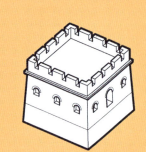

▢ 长方形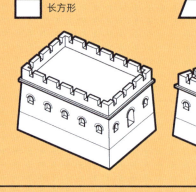

敌台有几只"眼睛"？

敌台上开有箭窗，单面有三四个箭窗的最常见，较小的敌台可能只有两个箭窗，大的则有五六个。现存单面箭窗最多的是慕田峪附近的九眼楼。是的，一些敌台的俗称直接来自它箭窗的数目。

●● 苗条的二眼楼

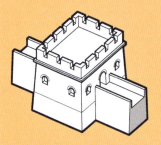

●●● 中等的三眼楼、四眼楼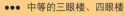

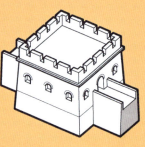

●●●●● 魁梧的五眼楼、六眼楼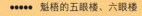

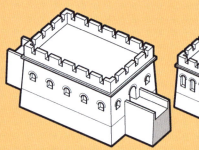

敌台里面什么样？

对砖拱结构的敌台而言，最直接的组织室内空间的办法就是在纵向的筒拱壁上交叉几个横向筒拱。另一种常见的空间形态则是在敌台中央设一间矩形或八边形的中心室，周围以回廊环绕。

▦ 交错的筒拱
室内空间示意

◨ 中心室与回廊
室内空间示意

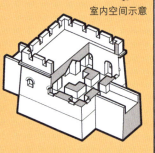

如何进入敌台？

横跨在边墙上的敌台可以从边墙顶部轻松进入，当二者存在高差时，则会设置几步台阶。独立于边墙的敌台，它们的入口一般悬在半空，在入口下方突出两块石头，用来悬挂绳梯，供人上下。

敌台里面向上看是什么样子？

在敌台的室内，拱顶最为常见，而在拱与拱交叉的地方则可能出现神奇的造型。在昏暗的敌台里忽然看见一座穹顶的时候，会有"别有洞天"的感觉吧。

▨ 拱顶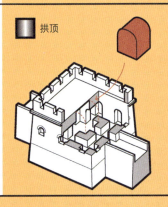

◪ 覆斗顶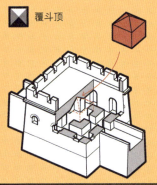

⬡ 八角藻顶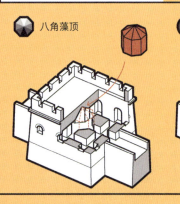

敌台有几层？

尽管戚继光最初构想的大型空心敌台为三层——底层驻军、中层作战、顶层瞭望，但真正建成的三层敌台并不多，主流仍为两层。而一层的敌台其实就是高于边墙却没有内室的实心敌台了。

 1层
 2层
3层
如古北口的"二十四眼楼"

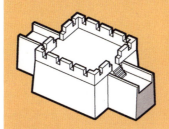
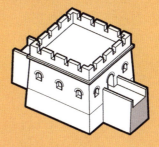
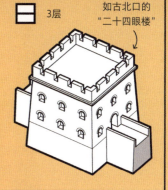

敌台如何屹立不倒？

与我国大部分传统建筑采用木结构不同，绝大多数空心敌台的室内空间都由砖拱支撑，也就是在粗壮的方柱上建拱券，进而支撑屋顶。也有少量敌台采用了木结构，砖木混合结构则更加罕见。

砖拱结构
木梁柱结构
砖拱+木梁柱结构

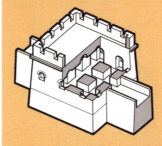
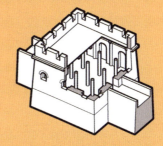
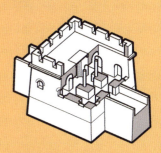

敌台顶上有什么？

"上层建楼橹，环以垛口"是戚继光对台顶的描述。小的楼橹只有一开间，大的可以达到三开间且四面出廊。有些敌台不设楼橹，只有砖砌的楼梯出入口，还有些则只有一个通往下层的洞口。

 什么都没有
凸出的楼梯出入口
楼橹

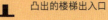

顺绳梯进入

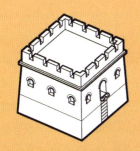

如何到达敌台顶部？

敌台内空间紧张，所以通往楼顶的设施也需要节约空间。最节约的方式自然是在顶部开一个简单的洞口，让士兵顺绳梯上下，也有不少敌台把楼梯嵌入砖结构，并不额外占用空间。

 台阶
 爬梯

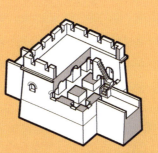
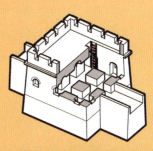

平顶

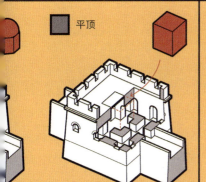

敌台知多少

是什么让看似简单的空心敌台如此千变万化？

明朝共修建了上千座空心敌台，如今它们已经成为长城的标志性景观。神奇的是，不同敌台远看好像差不多，可仔细观察时就会发现每座都不太一样。来看看有哪些特征可以帮你辨别敌台中的不同结构吧！

嘉峪关

嘉峪关是明长城的西部起点，由内城、外城、罗城、瓮城、城壕和南北两翼长城组成，周边敌台、墩台、堡城星罗棋布，形成"五里一燧，十里一墩，三十里一堡，百里一城"的防御体系。

登城马道或步道

一般呈45°，宽度多为6米，即可供3辆马车并行，是兵马登城的必经之路，也是城防兵马在城下做全面部署的专用通道。

关墙

关城的城墙，坚固性高于墙，体量大于一般城墙，度通常不小于四马并骑，外檐墙筑女墙，外檐墙女更高，一般为垛墙。

关台

横跨关墙的高台，关门门洞设于台体正中，台上可设城门楼。还包括马面及角台。

游击将军府
马道
光化门
关帝庙
文昌阁
朝宗门
戏台
敌楼
箭楼
角楼
柔远门
瓮城
会极门

关内建筑

根据不同的使用职能，关城城内建筑可划分为供军事用途的行政部门、供士兵居住操练的场所和寺庙、钟鼓楼、驿递设施等其他用房。

"天下第一雄关"

清同治末年左宗棠驻节肃州时，整修墙与关楼，并为嘉峪关楼题写"天下一雄关"匾额，后毁于战火，如今的额是1983年修复时由赵朴初题写的。

天下第一雄关

关门

关隘的主体部分，不仅是战时关隘防御的组织核心所在，同时也是平时盘查行旅、征收关税等履行关隘行政职能的门户。

定城砖

相传在修建嘉峪关时，有一名技术高超的工匠叫易开占，他提出一个精确的用材方案。嘉峪关完工时，所有材料只剩下一块砖，放在西瓮城会极门的后檐台上，以纪念工匠们。

城壕

天下第一

嘉峪关、山海关……"关"是什么？

"关"本意为门闩，后引申为边境上的出入口，常建置在险隘的山口或重要通道。"关"常与长城密切结合，即在长城墙体处留下可供出入的豁口，称作"关口"，有的建起具有军防作用的城堡，即为"关城"。

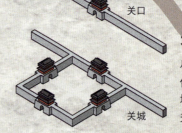

关口

关城

关口和关城

尽管关口就是在长城上设个但也可以威武雄壮如大境门城的规模则差异更大，对比关和山海关便可见一斑。

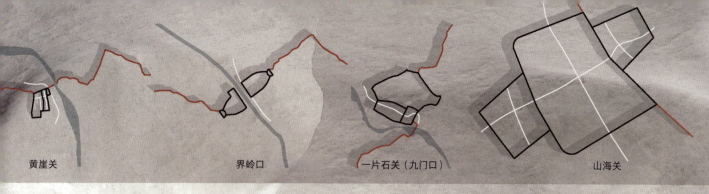

黄崖关　　　　界岭口　　　　一片石关（九门口）　　　　山海关

翼城

翼城是在边墙沿线，隔一定距离在边墙内侧建设的方形小城。罗城加护中心关城的纵深向防御，翼城则强调水平向的防护，与罗城共同构筑关城外围四周的防护屏障。

山海关关城

山海关中心关城呈不规则梯形，东墙为长城主线，关城东西南北四面各建有四座城门，四门之外均筑有瓮城，偏侧开门，城内有钟鼓楼。

北翼城

西罗城

山海关关城

东罗城

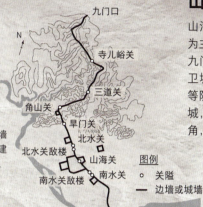

九门口

N

寺儿峪关

三道关

角山关

旱门关

北水关

北水关敌楼

水关

山海关

南水关

南水关敌楼

南海关口

老龙头

图例
○ 关隘
—— 边墙或城墙

山海关

山海关是长城东部的第一个关口，以边墙为主线，山海关关城为中心，在从老龙头到九门口的防线上，不但设有10处关隘、7座卫城、37座敌台、14座烽火台、14座墩台等防御措施，还在关东外围设有卫、所、堡城，形成了"主体两翼，左辅右弼，互为犄角，一线逶迤"的军防体系格局。

威远城

山海关十大关隘

山海关沿老龙头到九门口一线布置了多达10道关卡，构筑成山、海、关的格局。

威远城

威远城是山海关的东稍城，因其地理位置险要，既可远望警戒，又可屯兵把守，是山海关对外的一座前哨城堡。

南翼城

城

城是瓮城外围再构筑的一圈城垣（嘉□关），或围筑于城外的大城（山海□）。其内部通常为驻军布兵之地，城外一般为首当其冲的前沿阵地，是夺城之战发生的地方。

瓮城

瓮城是城门外修建的半圆形或方形的护身小城，两侧设有箭楼、门闸、垛口等防御措施，是关城重要的防御设施之一。

宁海城

"天下第一关"

山海关因其关城东门箭楼上悬挂有"天下第一关"的牌匾而闻名，有"两京锁钥无双地，万里长城第一关"之誉。

天下第一關

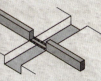

水口的几种形式

水与关

通过结合水体环境而形成的水关关隘，除借助水体的军事防御作用外，还利用水的流通性发挥控制交通、对外贸易和征收税务等多项功能。

稍城

稍城通常被设置在关城作战的最前线或其他需要警戒的敏感地区，是一种兼具侦察、潜伏、警戒等功能的军事小城。宁海城、威远城分别是山海关的南稍城和东稍城。

老龙头

老龙头

海中长城，位于山海关关城南5千米处。由入海石城、靖卤台、王受台、南海口关、澄海楼等部分组成。

25

既要坚固，也要美观

为了让长城变得更美，古人都有哪些办法？

修建长城是为了抵御外敌——仗打起来，好像跟"美还是不美"没什么关系。但是，人类就是对美有着普遍和朴素的追求，即便是在功能至上的长城上，工匠们仍然花了精妙的心思来装饰它。

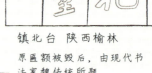

镇北台 陕西榆林
原匾额被毁后，由现代书
法家魏传统所题

紫荆关 河
汉白玉匾额

嘉峪关现在悬挂的"天下第一雄
由现代书法家赵朴初所书

大境门 河北张家口
1927年察哈尔都统
高维岳所写

1.55米　5.90米

山海关关城镇东楼 牌匾
据说是明代进士萧显书写的

居庸关城楼的"天下第一雄关"牌匾
据说修复城楼时，从颜真卿字帖中用颜体字拼
而得

怎样把射孔也做出花儿

阴刻楷书

几块砖拼
成的射孔

20～25厘米　18～22厘米

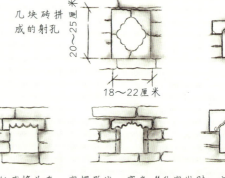

似武将头盔、官帽形状，寓意"升官发财，衣锦

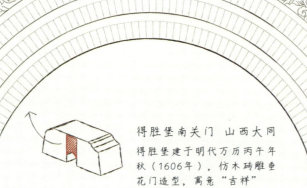

得胜堡南关门 山西大同
得胜堡建于明代万历丙午年
秋（1606年），仿木砖雕垂
花门造型，寓意"吉祥"

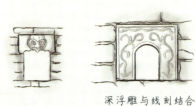

深浮雕与线刻结合

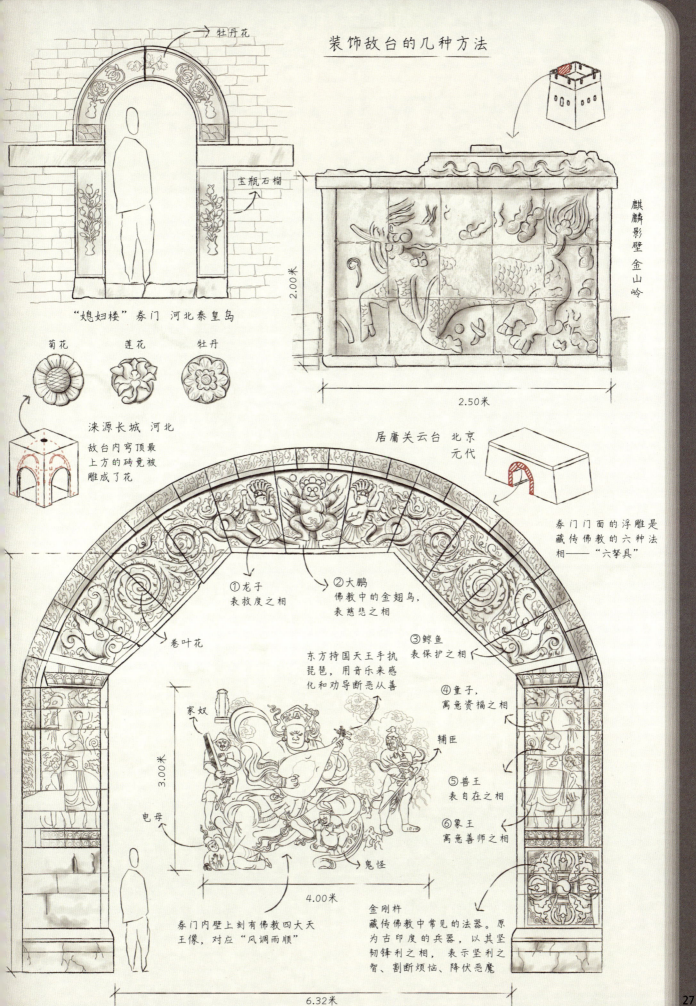

装饰敌台的几种方法

→ 牡丹花

→ 宝瓶石榴

"媳妇楼" 券门 河北秦皇岛

菊花　莲花　牡丹

涞源长城 河北

敌台内穹顶最上方的砖竟被雕成了花

麒麟影壁 金山岭

2.00米

2.50米

居庸关云台 北京 元代

券门门面的浮雕是藏传佛教的六种法相——"六拏具"

①龙子
表救度之相

②大鹏
佛教中的金翅鸟，表慈悲之相

③鲸鱼
表保护之相

④童子，
寓意资福之相

辅臣

⑤兽王
表自在之相

⑥象王
寓意善师之相

卷叶花

东方持国天王手执琵琶，用音乐来感化和劝导断恶从善

家奴

3.00米

电母

4.00米

券门内壁上刻有佛教四大天王像，对应"风调雨顺"

鬼怪

金刚杵
藏传佛教中常见的法器。原为古印度的兵器，以其坚韧锋利之相，表示坚利之智、割断烦恼、降伏恶魔

6.32米

前线

不知你有没有想过这样一个问题：一道通常高3～6米的大墙，说矮不矮，说高好像也不是很高，在边境地带绵延成千上万千米，真的能防住敌人吗？

我们容易把长城单纯地想象为一堵墙，但事实上它是一个系统。长城的防御作用不仅是简单地用墙来阻挡敌军，还体现在驻扎官兵、传递军情、提供后勤等诸多方面。所以，与其把长城想象成刀光剑影的战场，不如将它理解为静悄悄的却永远紧绷着一根弦的前线地带。

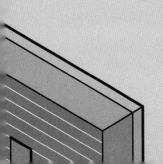

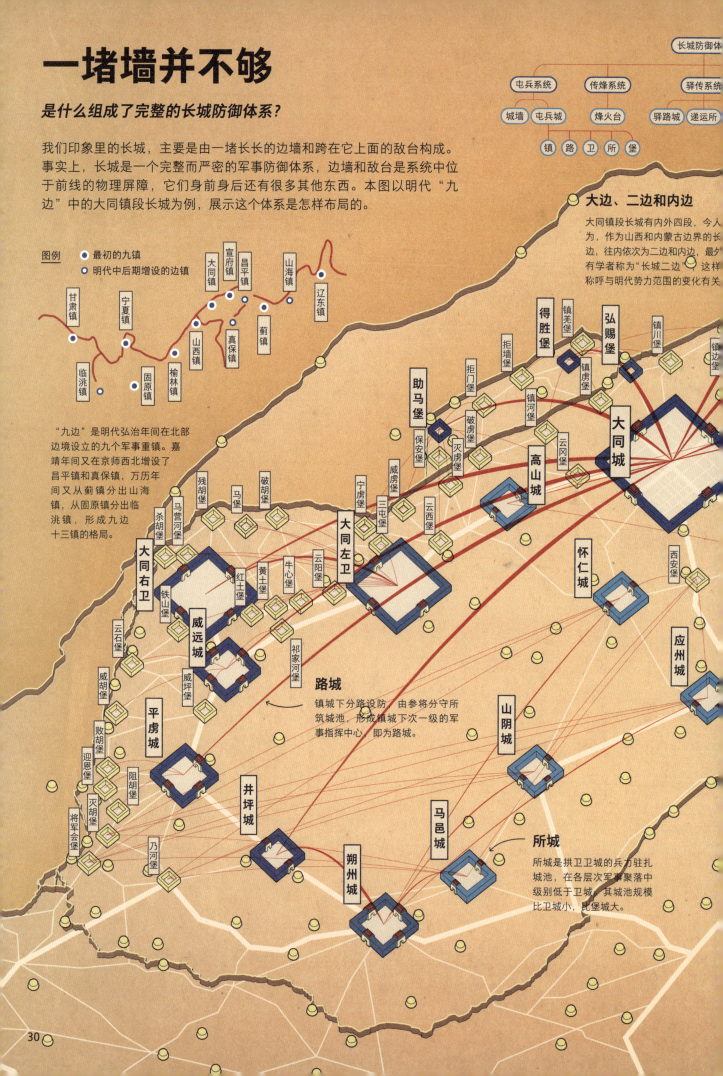

一堵墙并不够

是什么组成了完整的长城防御体系？

我们印象里的长城，主要是由一堵长长的边墙和跨在它上面的敌台构成。事实上，长城是一个完整而严密的军事防御体系，边墙和敌台是系统中位于前线的物理屏障，它们身前身后还有很多其他东西。本图以明代"九边"中的大同镇段长城为例，展示这个体系是怎样布局的。

图例 ● 最初的九镇　◐ 明代中后期增设的边镇

甘肃镇　宁夏镇　大同镇　宣府镇　昌平镇　山海镇　辽东镇　蓟镇　真保镇　山西镇　榆林镇　固原镇　临洮镇

"九边"是明代弘治年间在北部边境设立的九个军事重镇。嘉靖年间又在京师西北增设了昌平镇和真保镇，万历年间又从蓟镇分出山海镇，从固原镇分出临洮镇，形成九边十三镇的格局。

大边、二边和内边

大同镇段长城有内外四段，今人为，作为山西和内蒙古边界的长边，往内依次为二边和内边，最夕有学者称为"长城二边"这样称呼与明代势力范围的变化有关。

路城

镇城下分路设防，由参将分守所筑城池，形成镇城下次一级的军事指挥中心，即为路城。

所城

所城是拱卫卫城的兵力驻扎城池，在各层次军事聚落中级别低于卫城，其城池规模比卫城小，比堡城大。

长城防御体系

屯兵系统　传烽系统　驿传系统
城墙　屯兵城　烽火台　驿路城　递运所
镇　路　卫　所　堡

得胜堡　弘赐堡　镇羌堡　镇川堡　镇门堡
助马堡　拒墙堡　镇虏堡　镇河堡　大同城
保安堡　拒门堡　破虏堡　威虏堡　灭虏堡　高山城　云冈堡
残胡堡　马堡　破胡堡　宁虏堡　三屯堡　云西堡　怀仁城　西安堡
杀胡堡　马营河堡　黄土堡　牛心堡　云阳堡　大同左卫　应州城
大同右卫　红土堡　祁家河堡
铁山堡　威远城
云石堡　威坪堡　山阴城
威胡堡　平虏城
败胡堡
迎恩堡　阻胡堡　井坪城　马邑城
灭胡堡　乃河堡　朔州城
将军会堡

新平堡

平远堡

军需系统

场 盐场 市场 马场

桦门堡 瓦窑口堡

保平堡

永嘉堡

镇宁堡

镇口堡

镇门堡

天城卫

许家庄堡

浑源城

王家庄堡

蔚州城

广灵城

灵丘城

广昌城

驿路

驿路是用于驿传的道路。驿传是以骑马为主的邮传通信系统,传递的内容主要是官府文书等,其所传递信息的内容比烽火台要宽泛得多。

烽火台

烽火台是长城上的声光通信系统,通过昼燃烟夜举火,辅助以鸣炮等方式,台台相连,传递敌情。

堡城

堡城是军堡中等级最低、最基础的防御单位,规模较小,一般驻扎一百多人到几百人。每堡设守备一人,负责该地段战守事宜,部署所辖长城、敌台、烽火台等工程设施的守卫。

卫城

虽然卫城的军事等级低于路城,但由于都司卫所实为地方军事编制单位,故卫城的城池规模通常大于路城,以备驻兵。

为总兵官的所在,军事等级最高,城池规模最大的类型。

民堡

在大同镇72堡中,有不属路的城池,其中三座非军堡,包括广灵城、广昌城和灵丘城。

星罗棋布的城池

经过长时间的演变和推广,明代军堡最终形成镇城、路城、卫城、所城、堡城5种军事等级由高到低的基本类型,它们在本图中以不同规格和颜色的方形城郭表示。(城池级别时有变化,本图表示了明末的情况,并标出了曾是路城的其他级别城池)

多变的明代军事管理制度

在明代200多年间,军事管理制度经历了多次变化。每种制度都在特定时期内对明代军队的管理和边防事务起到重要作用。

都司卫所制度:洪武年间成熟,延续至明亡

九边总兵镇守制度:永乐奠定,嘉靖完成,延续至明亡

都督府	大都督府		总兵
都督府	都卫	都司	都司	参将
卫	卫	卫	卫	守备
千户所	千户所	千户所	千户所	千总
百户所	百户所	百户所	百户所	百总

① 镇守制度
② 都卫体制
③ 都司卫所制度
④ 九边总兵镇守制度与都司卫所制度并置

边墙关隘
堡城
所城
卫城
路城

这种颜色表示曾经是路城的城池

表示从属关系和等级

镇城

烽火台
边墙
交通网络
驿传系统

长城统帅代表大会

王侯将相们在守卫长城期间发生过哪些趣事?

围绕长城进行上千年的无数攻防战离不开很多统帅,这其中有热爱亲征的帝王们,也有为边关献上一生的将军世家。有人足智多谋、有人骁勇无双,他们也有爱恨情仇和逸闻趣事。如果有这样一次代表大会,把那些曾经的统帅们聚集在一起,会是怎样的情景呢?

刘邦
汉高祖刘邦【西汉】
汉朝开国皇帝

> 那帮匈奴人天天来,烦死了!正好韩信叛乱,我打完韩信就去对付他们。

> 大丈夫能屈能伸,把干闺女嫁给他们,再送点嫁妆,做做生意,他们还能打我这个岳父不成?

> 听说您轻敌冒进,山被围了七天七夜。

> 我除了刚即位时派公主去匈奴,再也不和匈奴和亲过。细君和解忧公主是去乌孙亲,后来乌孙助我夹击匈奴,贼爽!

李牧
战国四大名将之一。【战国时期赵国】

> 刚才不算,再战一盘!话说,荆轲刺秦时带去的那个人是你孙子吧?

秦开
【战国时期燕国】
有典故:秦开却胡。

> 咳,吾孙秦舞阳,莫要再提。下棋下棋!

蒙恬
【秦】
古代开发宁夏第一人,改良了毛笔和古筝。

霍去病与李敢【西汉】
霍去病是卫青的外甥。李敢是李广的幼子。李敢因为李广之死,殴打了卫青,卫青并未声张。霍去病知道了这件事,放暗箭将李敢射杀。

李陵【西汉】
西汉名将、匈奴名将,李长孙,李当户的遗腹子。降匈奴成真,全家人被皇诛杀。司马迁便是被皇帝疑为李陵求情而被处宫刑。

卫青与李广【西汉】
"龙城飞将",龙城指卫青,飞将军指李广。
元狩四年漠北大战,两人一同出征,李广率军迷途延误了与大军合会的时机而自刎身亡。
卫青的姐姐是皇后卫子夫,后来卫青位极人臣。

卫青
霍去病
李敢
李广
李陵
周亚夫

> 远托异国,昔人所悲,望风怀想,能不依依?

周亚夫【西汉】
西汉名将,官至丞相。

冯奉世【西汉】
西汉将领。平定莎车,讨

张奂
段颎

虞诩【东汉】
东汉名将,为官清正廉明,刚正不阿,多次得罪权贵。一生九次遭到斥责,三次被依法惩处,但他刚正的性格,一直到老都不改变。

虞诩
班超

班超【东汉】
著名军事家、外交家,史学家班彪的幼子,其长兄班固、妹妹班昭也是著名史学家。班超投笔从戎,出击北匈奴,又出使西域,收复了西域五十多个国家。"不入虎穴,焉得虎子"这句名言便是班超所说。

皇甫规

皇甫规、张奂和段颎【东汉】
因为三人的表字都有个"明"字,又都几乎同时在治羌中立功扬名,被合称"凉州三明"。
但三人在剿抚方面则分为两个阵营,皇甫规、张奂赞同抚,而段颎则赞同剿。

十万大军

是谁驻扎在长城前线?

建长城以来,无数官兵镇守于长城之上,军队体系也随着朝代的变化而更迭。到了明朝中后期,九边的驻军管理制度发展得十分复杂。这张图将着重解释发源于明代中后期的总兵镇守制下的军队构成,并与贯穿明朝始终的都司卫所制下的军队构成进行对比。

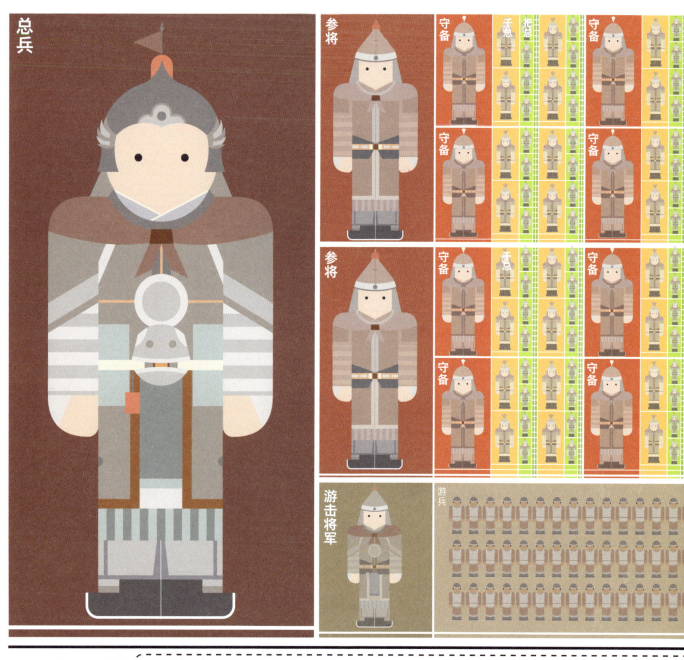

都司卫所制下,各级官兵有着明确的数量关系:一个**卫**5600人,分为5个**千户**;每个千户1120人,分为10个**百户**;每个百户112人,设2个**总旗**、10个**小旗**,每个**小旗**10个**兵**。

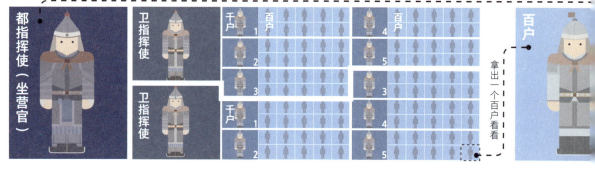

拿出一个百户看看

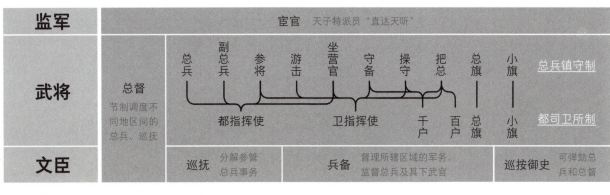

监军		宦官　天子特派员 "直达天听"											
武将	总督　节制调度不同地区间的总兵、巡抚	总兵	副总兵	参将	游击	坐营官	守备	操守	把总	总旗	小旗		**总兵镇守制**
		都指挥使				卫指挥使		千户	百户	总旗	小旗		**都司卫所制**
文臣		巡抚　分解参管总兵事务				兵备　督理所辖区域的军务、监督总兵及其下武官				巡按御史　可弹劾总兵和总督			

（左侧 相制 栏：衡各方力 政府逐渐 文臣参政 体系，有 了武将势 成文武相 面。）

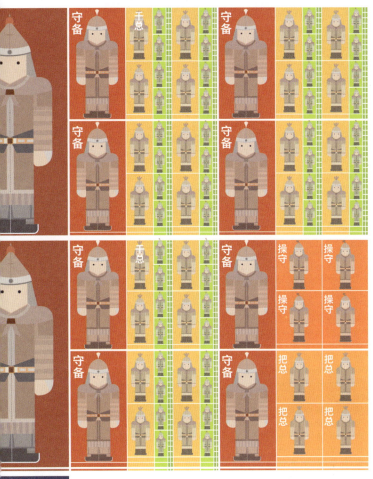

明朝中后期的总兵镇守制

总兵镇守制发展于明朝中后期，与都司卫所制并存。
总兵由中央委派，负责镇守一方，**副总兵**与总兵协守同一地区，**参将**分守一路，**守备**独守一城或一堡，形成镇守、协守、分守、守备的四级防御体系。**游击将军**则直接从属于总兵，地位略低于参将，负责统领游兵作为机动部队，支援四方。

左侧所示为总兵镇守制下的军队构成，人物越大，官职越高。

- ■ 总兵
- ■ 参将
- ■ 守备
- ■ 操守
- ■ 把总（前期）
- ■ 把总/千总
- ■ 把总（后期）
- ■ 把总/百总
- ■ 游击将军
- ■ 游兵
- ■ 坐营官
- ■ 兵

守城官职

守备是重要城堡的防守将领，一般隶属于**参将**。
守备之下，守城的官职名称不一，比较普遍的是**操守**和**把总**。
操守主要分布于九边，把总则遍布全国。
通常，**守备－操守－把总**地位依次降低。

不断变化的把总

把总一职，前期统指守城兵官。
把总逐渐分化成**千总－把总－百总**，
有"每台一百总，五台一把总，十台一千总，节节而制之"之说。
有时，把总也会与百总混称。

总兵镇守制下的武官体系并非定员制，各地配置并不相同。
比如下图中的例子，就是万历年间山西镇真实的武官数量。

两套班子，一套人马？

总兵镇守制中的总兵通常由中央直接委任，而**副总兵**、**参将**、**守备**等职位则多由都司卫所制中的**都指挥使**、**卫指挥使**兼任，**把总**等官职则从**指挥使**、**千户**等中选用。
坐营官一职，常由某**指挥使**直接任职，下统相应都司卫所中的各类兵官。
与之类似，都司卫所制之中的**总旗**也常在实战中被直接征用。

都司卫所制下的军籍世袭，世代为兵。如果有士兵不幸战死，则须由同一户的其他人顶上。

贯穿明朝始终的都司卫所制

都司卫所制形成于明初期，主要体现了军队编制按照"中央－都司－卫－所"的关系层层管控。随着总兵镇守制的发展，都司卫所制的地位不断下降，明朝后期基本成为了从属，并一直保留到明朝结束。

- ■ 都指挥使
- ■ 卫指挥使
- ■ 千总
- ■ 百总
- ■ 总旗
- ■ 小旗
- ■ 兵

攻与防

敌人来了怎么办？

长城上的官兵究竟是怎样应对外敌的呢？而作为进攻者，又是用哪些方法来试图跨越长城的阻挡呢？我们以明代的情况为例，了解长城上的交战。

防守要义

城内要守，城外也要防！

守方（图中守方战术为黑字）

攻击要义

攻击、偷袭，还可以毁城！

攻方（图中攻方战术为白字）

物资：粮草、骡马、衣物、工具

水袋与沙石：城上常备救火物品，遇强火则投掷水袋，遇烟雾则以湿沙、碎石等覆盖。

掩面：遇到烟雾攻击时以湿布覆盖口鼻。

布幔：士兵利用布幔遮拦炮弹、石块等攻击物。

煮沸的排泄物：把人类排泄物煮沸后从长城上浇下去，可把敌人烫伤，伤口还会因接触污物感染，一举两得。

礌木、礌石：从高处投掷的木、石，用于远距离攻击。

地道偷袭：挖掘地道意在直接从城内攻击偷袭。

防·长短兼备

火器、弓弩等远程武器可以阻挡射程内的进攻者。兵临城下时则可以投掷礌石、石灰等。

敌台

防·瞭望

石灰：于城墙之上扬撒石灰以迷害进攻者眼目。

瞭望

防·后备

空心敌台武备和粮有哨房住人

火攻与烟熏：纵火同时产生烟雾干扰守城士兵的视线。

战车：战车常配有火器、护盾等。

攻·损毁城墙

毁坏长城是一种常见的进攻方法，具体包括火烧、水淹、物理撞击等。其优势在于减少与守城士兵的正面接触，但也要考虑城墙的牢固程度。

攻·直接进攻

最直接的方式是正面进攻，这时参战兵士的战斗力和武器的精良程度对于战争的胜负非常关键，这也有力促进了国家军事的发展。

拒马枪：多支长枪插在横木上，向外，设于要害处，防御骑兵。

烧荒：守城兵士定期焚烧长城外的草，以减少敌方战马所需的草饲。

防·改造自然

因地制宜、改造自然是古代军事的重要原则之一，长城战线也不外如此。将地势、河流、林木等自然因素稍加改造，长城外就能多几道天然屏障。

绿色藩篱：在长城外侧广种榆、柳、桃等树木，可以降低敌军人马的机动性。

攻·适当隐蔽

进攻者也可以利用树木隐藏兵力。如果隐蔽成功，就可以出其不意，攻其不备，从而取得战斗的先机。

刀枪藤牌

掷物

战车

弓弩

石灰

排泄物

计谋

草木皆兵 城中居民牛马都披上战甲，敌人就无从判断真实兵力。

疲兵之计 夜间擂鼓一二次，伪作出师，扰敌使之夜不得寐。

将计就计 敌人有兵来袭，伪为不知，开门以待，出奇兵以伏之。

刺探敌情 派探子伪装后深入敌军刺探军情，再从暗门返回报告。

通往楼下

防·传递军情

通过烽火、点炮和击鼓传递军情，敌军的规模和方向都可以准确地表达出来。

巡逻： 长城上下都有巡逻兵轮替，不间断地进行巡逻，每人负责一段距离。

垛口设有瞭望孔及射孔，保护士兵在观望的同时不至于被攻击方射中。

火器： 明后期重要武器，包括火炮、火枪等。它们在当时代表世界最先进的武器水平。

飞钩： 朝进攻者投掷，飞钩上连着绳索，可重复使用。

塞壅城门： 兵来将挡，水来土掩。

夜晚缢灯： 夜里听到守城犬叫就要缢灯观察。

火炮

弩： 弓弩是守城常用的远攻击武器。

装填弩比拉弓更慢更费力，但杀伤力也更大。

守城犬： 狗从古代就是人类的朋友，城墙下设有警犬用于守夜，以防攻击者偷袭。

云梯： 用于攀越城墙，有些云梯还配有车轮和护盾，可以被推动并防备守军反击。

防·城外设防

城墙之外也设有层层防御，包括陷阱、防具以及巡逻兵、犬，目的是在进攻者抵达城墙脚下之前拦住他们。其中，大量的设施主要针对马匹，困住了战马，就像绊住了进攻者的脚。

陷马坑： 坑中埋有鹿角木、蒺藜。以草及细尘覆盖其上，设于进攻要路上。

鹿角木

蒺藜

水淹： 引水淹城，是毁城的一种方式，适用于城外地势比城墙高的情况。

巡逻兵

挡马墙： 在险要处修筑短墙可以隔断山谷，以阻挡大规模的骑兵进攻。

河水也可以为进攻者所用。

壕堑和切坡： 人为改造地势形成"峭壁"，形成难以跨越的高差，有效地阻挡了大量战马，从而削弱进攻骑兵的战力。

护城河： 长城周边的水系常被改造利用成为护城河，为抵御进攻者增加一条天然防线。

攻·善用战马

进攻者大多是游牧民族，以骑兵见长，具备极强的机动性，所以战马的存在和使用尤为重要。

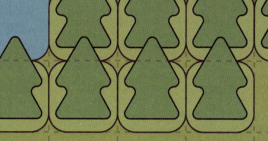

全国各地有多处烽火台遗址，造型各异：

← 三台子烽火台：建于明隆庆四年，平面呈圆形。

仙人岛烽火台：建于明永乐十三年，平面呈正方形，上窄下宽。→

← 哈密燎墩烽燧：约建于汉宣帝年间，并完善于唐代。

克孜尔尕哈烽燧：始建于汉代，前部凹陷为沙土风化所致。→

传递信息，不只靠点火

我们常说"烽火"，事实上，"烽"与"火"并不是同一种东西。"烽"在白天使用，以烟为信号；"火"在夜晚使用，以火光为信号。此外，以下这些方式都可以用来在烽火台之间传递军情。

举烟　鸣炮　挂旗　击鼓

举火　点燃草堆　挂烟笼

人传

敌人来了！
!!!

唐代对传烽的速度要求是每昼夜2000里（合1000千米）。

图例
━ 边墙
○ 城堡
• 烽火台

烽火台在哪

烽火台的分布，
边墙横向展开，
则纵深向内排列
也是一边平行于
播，一边向腹地
城堡传递。

根据唐代规定，烽火台应每30里（合15千米）设置一处，如果有山冈阻绝，就要根据实际情况调

敌人来了！

当一座烽火台发现敌军踪迹时，便会点燃烽火，并由相邻的烽火台逐次传递开去。在本图中烽火的传递方向用红色箭头表示。

敌台和烽火台，傻傻分不清楚？

烽火台和敌台的功能不同，但在很长的历史时期中，二者是可以通过改造而互相转化的。

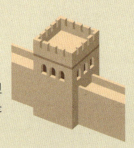

敌台

早期的敌台也是实心的
以可以改造为烽火台。
发展出的空心敌台就
火台完全不同了。而且
顶部一般还建有木结构
橹，不能用来点火。

烽火台

烽火台是实心的，大部
立于边墙而建造。所以
们在八达岭、慕田峪看
砖砌的"楼子"，都不
火台，而是敌台。

烽火密码

古人是如何用烽火传递情报的?

烽火台是在边防线上为传递战事信息而修筑的高于地面的墩台型建筑，始于战国，形成于秦汉，于明代发展成熟。烽火台相邻分布，随时监视敌情，并通过一整套"烽火密码"快速传递信息。

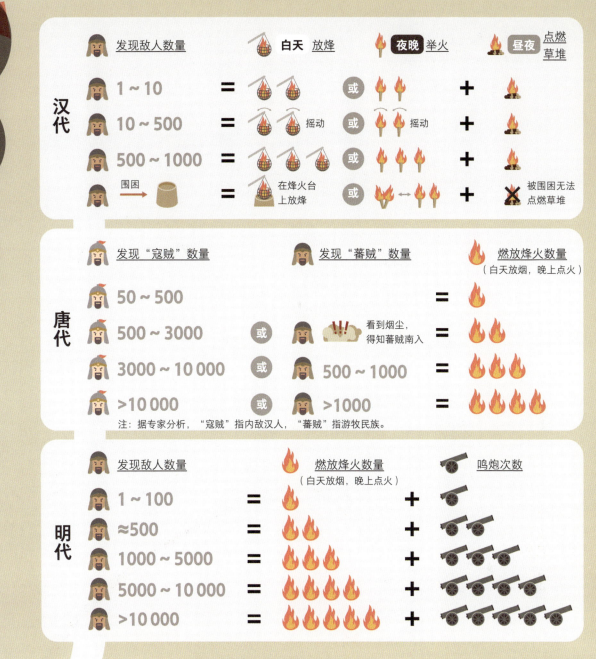

汉代

发现敌人数量		白天 放烽		夜晚 举火		昼夜 点燃草堆
1 ~ 10	=	🔥🔥	或	🔥🔥	+	🔥
10 ~ 500	=	🔥🔥 摇动	或	🔥🔥 摇动	+	🔥
500 ~ 1000	=	🔥🔥🔥	或	🔥🔥🔥	+	🔥
围困 🪣	=	在烽火台上放烽	或	🔥↔🔥	+	✖ 被围困无法点燃草堆

唐代

发现"寇贼"数量		发现"蕃贼"数量		燃放烽火数量（白天放烟，晚上点火）
50 ~ 500			=	🔥
500 ~ 3000	或	看到烟尘，得知蕃贼南入	=	🔥🔥
3000 ~ 10 000	或	500 ~ 1000	=	🔥🔥🔥
>10 000	或	>1000	=	🔥🔥🔥🔥

注：据专家分析，"寇贼"指内敌汉人，"蕃贼"指游牧民族。

明代

发现敌人数量		燃放烽火数量（白天放烟，晚上点火）		鸣炮次数
1 ~ 100	=	🔥	+	💥
≈500	=	🔥🔥	+	💥💥
1000 ~ 5000	=	🔥🔥🔥	+	💥💥💥
5000 ~ 10 000	=	🔥🔥🔥🔥	+	💥💥💥💥
>10 000	=	🔥🔥🔥🔥🔥	+	💥💥💥💥💥

烽火在说什么？

烽火台利用信号物的数量来对应敌情的不同状况。早在汉代，中央政府便对烽火台不同信号等级规制进行了严格的规定，这从《塞上烽火品约》汉简上便可见一斑。随后历代都在前朝的基础上继承与发展，在明代还开创了鸣炮制度。

什么点燃烽火？

我们常说"烽火狼烟"，但实际上狼非常用的点火原料。一般引燃物都是就地取材物，也包括一些杂草和牛马粪便，混合油脂进行燃烧。

蒿

沙柳

杂草

旱芦苇

牛粪/马粪

长城之战

长城沿线发生过哪些战役?

你可能想不到,作为古代最大规模的军事防御工事,长城上打的仗能称之为战役的并不多,这恰恰可以说明长城重要的战略地位。我们在为数不多的实战中选择了几场为例。通过这些错综复杂的线索,你可以认识到长城在战争中所起到的作用。

瓦剌太师 也先
- 结好女真 生擒英宗
- 1453年:自立为汗
- 1455年:被属下剁杀

④ 英宗
因改制间,剌军于土之宗被

① 瓦剌犯边

1449年,瓦剌分四路犯边,也先亲率一路进攻大同,塞外接连失守。

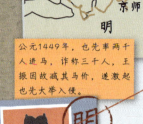

明英宗 朱祁镇
- 1435年:九岁称帝
- 1449年:土木之变
- 1457年:夺门之变

王振 大同

① 猫儿庄
阳和口

③ 仓皇退兵
接前线失守战仓皇回撤,原关回京,又中

③

汉长城、明长城分布图

土木堡之变
长城战役
河西之战
山海关大战

图例
汉长城 ——
明长城 ——

武帝前期抗击匈奴:
1. 河南之战
2. 漠南西部
3. 漠南中部
4. 河西之战
5. 漠北之战

② 居延

② 夏季出兵

元狩二年夏,霍去病出北地再征匈奴。因未能按计划与公孙敖会和,独自前往酒泉,从背面攻向匈奴部落,大获全胜。

打了这一仗,才好筑长城!

河西之战

为解除边患,西汉王朝与匈奴之间进行了长达一百余年的战争。其中,元狩二年的河西之战成功收复河西地。
"始筑令居以西,初置酒泉郡以通西北国。"

玉门 匈 酒泉

祁连山

✕ 匈奴部落

焉支山

③ 公孙敖失道

元狩二年夏,公孙敖从陇西发兵,本拟于祁连山与霍去病会和,却中途迷路,直至霍军与匈奴战斗两天后方赶到支援。

霍 北地

① 春季征讨

元狩二年春,霍去病出陇西,过焉支山,斩折兰王、卢侯王,于敦煌凯旋。

令居

匈奴单于 伊稚斜
- 前126年:夺取王位
- 前114年:卒

汉武帝 刘彻
- 前141年:登基
- 丝绸之路 抗击匈奴
- 前87年:卒

匈

杀 休屠王

2次交锋

浑邪王

皋兰山

陇西

敖

河西走廊
收复河西地,断绝了匈奴与羌族的联系,打通了通往西域各国的道路。

汉室亏空
频繁远征导致民力、国力亏空。武帝后期战役多无功而返,遭受重创。认识到问题后,汉朝开了一段休养生息的时间。

将领名录

霍去病
骠骑将军
出师大捷
论功行赏

公孙敖
合骑侯
拒敌不力
贬为庶人

张骞
博望侯
拒敌不力
贬为庶人

李广
郎中令
功过相抵

鲜卑崛起
最初,匈奴、鲜卑和汉为三方对抗的格局。
汉匈战争后,匈奴败落,自此鲜卑崛起,成为汉最大敌人。

土木堡之变

沿着长城追过去！

明英宗年间，蒙古瓦剌崛起，大举进犯明[...]。英宗决定亲率军队退敌，结果双方在途中[...]这场战役中，明军双方在长城多个关[...]发生过对抗。

② 英宗亲征
尽管众多大臣反对，英宗仍坚持亲率二十万大军，由王振主持军务，讨伐也先。

由盛转衰
土木堡一战后，明景帝上任，两帝并存，明廷政治斗争加剧。兼之军政断层，明朝战略由攻转守，由盛转衰。

于谦阴谋论
[...]木堡之变，多被认为是[...]王振专断和英宗无能造[...]。但也有观点认为这是一场于谦[...]的阴谋，以拥立景帝上任。

图例

格局背景	人物关系	产生影响	行军方向	

领袖 将领　　盛 衰

长城 〰〰〰
水体
山脉

长城战役

③ 古北口
古北口、南天门接连失陷，中国守军退至怀柔、顺义。

② 喜峰口
日军攻占喜峰口，被大刀队趁夜夺回。经连日激战，守军收复全部失地，击退罗文峪方向的日军进攻。

① 冷口
日军两次攻占冷口均被夺回，第三次攻占时中国守军被迫退至迁安，在界岭口、石门寨等处与日军激战。

把我们的血肉筑成新的长城！
长城沿线抗击日本侵略者的斗争是中国人民抗日斗争的重要组成部分。

抗战意义
长城战役中，广大爱国官兵给日军以沉重的打击，自己也做出了重大牺牲。战役虽然失败，但也阻止并延缓了日本军事侵略华北的进程，激发了全国人民抗日救亡热情。

停战协议
长城沿线失守，平津危急，中方被迫签订《塘沽停战协定》，划定冀东二十二县为非武装区。

地名：独石口　古北口　居庸关　怀柔　北平 中　罗文峪　遵化　喜峰口　冷口　迁安　界岭口　石门寨　九门口　日

山海关大战

这个关口，非常重要！
有些关口自建成以来就是兵家必争之地，山海关就是一例。为人熟知的吴三桂引清兵入关，讲的就是这一"关"。如同名字所昭示的，山海关位于角山和渤海之间，在辽西走廊的要道上，成为东北进入北京必经的一道门。

① 闯王出发
李自成招降吴三桂不成，决定征抚兼施，从京师率大顺军向山海关进发。

③ 大战山海关
李自成军于一片石出边立营，与吴三桂军激战一日，双方皆疲。见清兵已近，吴三桂率轻骑冲出重围再度求援。

② 三桂求援
为抵挡大顺军，吴三桂向多尔衮求援，清兵遂改道山海关，一日夜可行二百余里。

④ 清兵入关
待李吴双方俱疲，多尔衮以逸待劳，出兵击破大顺军。

地名：京师　密云　山海关　宁远　广宁　翁后　盛京　清　吴　闯

闯
武装起义
攻克北京
战败山海关

[...]北京时，吴三桂奉命率兵[...]回国师已破，崇祯帝朱由[...]折返山海关。[...]吴三桂本决意归顺，后[...]在京遭农民军拷掠，爱妾[...]，愤改初衷，拒降李自[...]山海关。

拷掠
强占
冲冠一怒为红颜

吴襄 父
陈圆圆 妾

吴三桂
平西伯·平西王
· 1644年：引清兵入关
· 1673年：三藩之乱
· 1678年：衡州称帝

多尔衮 清
睿亲王
· 1628年：征讨蒙古
· 1644年：入主中原
· 1650年：卒

清兵入关
山海关之后，清兵乘势占领北京，取得全国政权，将都城从盛京迁往北京，封吴三桂为平西王。自此中国政治力量格局发生变化，影响了后续三百年的历史进程。

无论过去还是现在，耕种和放牧可能是长城附近最普遍的人类活动吧！

家园

长城的存在，是为了保卫家园；而伴随着长城的建造、驻军、屯田和沿边商贸，越来越多的人来到长城，让长城本身成为他们的家园。直到今天，依然有很多人生活在长城脚下，他们或是延续着先辈的生活轨迹，或是被长城及它所带来的东西所吸引。噢，一定别忘了，与长城共存的不只有人类，还有许多其他生命。这让人忍不住遐想：在那些栖居在长城附近的其他生命眼中，长城又是个怎样的存在呢？

长城脚下的城乡

长城沿线的800多个明代城堡有着怎样的前世今生?

在明代的防御体系里,长城沿线的城堡从上到下分为镇、路、卫、所、堡五级。它们因军事功能而发展,但在之后的500多年里,也经历了各自不同的命运。这张图分析了全部明代城堡所在位置之于现代的人口密度,这些地方现在还有人住吗?谁衰落了?谁崛起了?

数据说明:本页共包含800多个古长城聚落。我对照2010年全国人口密度的高精度数据分析了们现今的人口聚集情况。由于人口数据可能的误及古长城聚落收录的不完整性,数据结果可能与际情况有所出入。

明代各级城堡的比例在这边

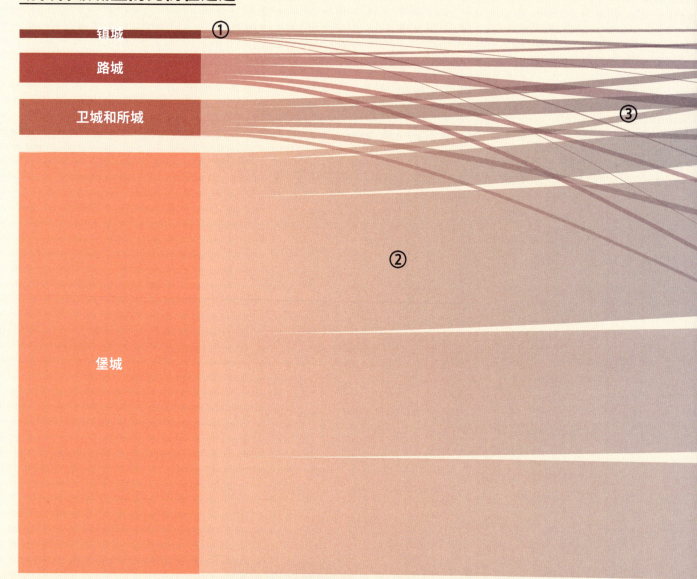

镇城 ①

路城

卫城和所城

③

②

堡城

①依然重要的九边镇城

明代的九边重镇,在几百年后仍然大多是当地的中心城市,宁夏镇镇城甚至成为省会。唯一的例外似乎是离京师最近的蓟镇,镇城所在地如今是一座只有2.5万人口的小镇。

明代九边镇城今天的主要所在地:

辽东镇	辽宁省辽阳市、北镇市
蓟镇	河北省唐山市迁西县三屯营镇
宣府镇	河北省张家口市宣化区
大同镇	山西省大同市
山西镇	山西省偏关县、宁武县
榆林镇	陕西省绥德县、榆林市
宁夏镇	宁夏回族自治区银川市
固原镇	宁夏回族自治区固原市
甘肃镇	甘肃省张掖市

②多数平凡的堡城

明代城堡中数量最多的堡城,大多数在今天仍然默默无闻。它们散布在田野上、山水间,有的还保留着明代的城墙。在城的里面,则和其他的小镇、村庄没有太大分别。

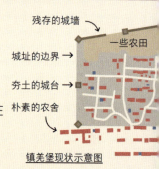

残存的城墙

城址的边界 →

一些农田

夯土的城台

朴素的农舍

镇羌堡现状示意图

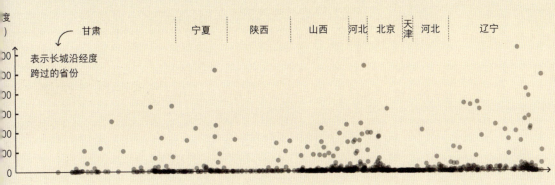

度
↗甘肃　　　宁夏　陕西　　山西　　河北 北京天津 河北　　辽宁

表示长城沿经度
跨过的省份

左图中的每个圆点表示一座"长城城堡"。可以看到，从西到东，明代城堡如今的人口密度在三个区域较高：甘肃—宁夏、山西—河北西部—北京以及辽宁。

经度

如今这些城堡所在地的人口密度在这边

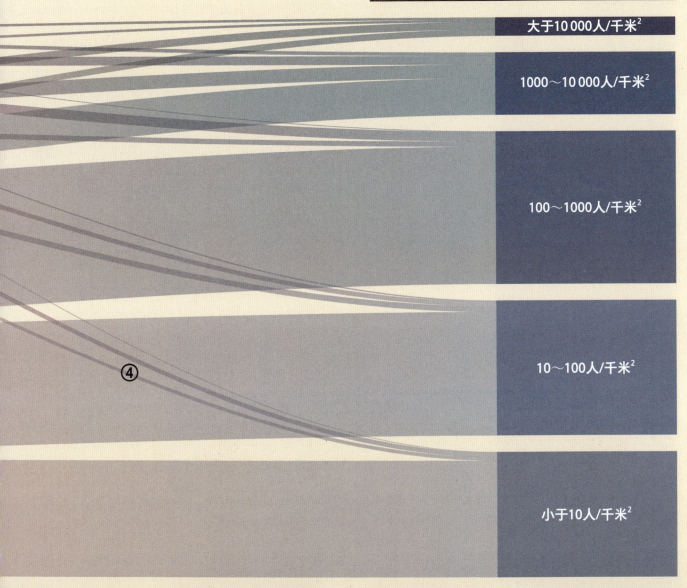

大于10 000人/千米²

1000～10 000人/千米²

100～1000人/千米²

10～100人/千米²

④

小于10人/千米²

后来居上的小城

些在明代级别较低的堡城，借助天时地利，在之后的几世纪中发生了逆袭，其中最型的是宣府镇的张家口堡。助汉蒙互市的契机，逐步发为京北重要的商贸城市。

一些发展成了大型聚落的堡城：

张家口堡	河北省张家口市
凤凰堡	辽宁省凤城市
鱼河堡	陕西省榆林市鱼河镇
清阳堡	辽宁省昌图县
神池堡	山西省忻州市神池县
河曲营	山西省忻州市河曲县
香沟堡	甘肃省张掖市

④逐渐没落的城镇

有逆袭的就有没落的。大同右卫城曾是一座卫城，如今聚落松散，荒地众多，已不复从前雁北重镇的景象。而同为卫城的怀来城，因修建官厅水库，已于1951年彻底沉没水底。

一些没落了的路城和卫所：

大同右卫城	山西省朔州市右卫镇
怀来城	河北省怀来县官厅水库
石塘岭营城	北京市密云区石塘路村
骁骑堡	北京市密云区密云水库
兴武营城	宁夏回族自治区盐池县荒漠草原
盐场堡	陕西省定边县郊外盐厂
保宁堡	陕西省榆林市郊保宁堡遗址

互通有无

在明朝的马市里都能买到什么？

长城沿线农、牧之间的和平互市贸易早在明朝以前便已萌生。明朝前期，设马市不仅是边贸政策，也是为安抚边地部族。隆庆和议后，马市性质发生变化，官市过渡到民市，民间自相往来、互通有无的平等贸易占据了主导地位。

既要交易也要戒备

与潜在的对手做生意，个中心态便会很微妙。因此，明朝在设置马市时也是煞费苦心。

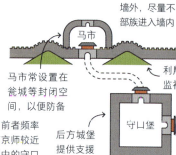

大多数马市都设墙外，尽量不部族进入墙内

马市常设置在瓮城等封闭空间，以便防备

后方城堡提供支援

守口堡

后方城堡提供支

明代马市分大市和小市，前者频率低、监管严，因此，在离京师较近的地方主要是大市，右图中的守口堡就是大同镇的一处大市。

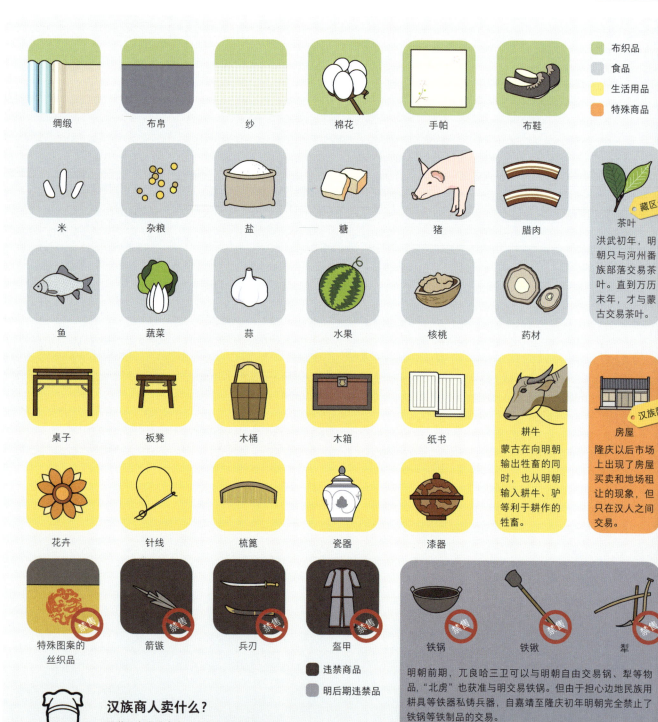

布织品 | **食品** | **生活用品** | **特殊商品**

绸缎 · **布帛** · **纱** · **棉花** · **手帕** · **布鞋**

米 · **杂粮** · **盐** · **糖** · **猪** · **腊肉**

茶叶（藏区仅）
洪武初年，明朝只与河州番族部落交易茶叶。直到万历末年，才与蒙古交易茶叶。

鱼 · **蔬菜** · **蒜** · **水果** · **核桃** · **药材**

桌子 · **板凳** · **木桶** · **木箱** · **纸书**

耕牛
蒙古在向明朝输出牲畜的同时，也从明朝输入耕牛、驴等利于耕作的牲畜。

花卉 · **针线** · **梳篦** · **瓷器** · **漆器**

房屋（汉族限）
隆庆以后市场上出现了房屋买卖和地场租让的现象，但只在汉人之间交易。

特殊图案的丝织品（禁售） · **箭镞**（禁售） · **兵刃**（禁售） · **盔甲**（禁售） · **铁锅**（禁售） · **铁锹**（禁售） · **犁**（禁售）

■ **违禁商品**
■ **明后期违禁品**

明朝前期，兀良哈三卫可以与明朝自由交易锅、犁等物品，"北虏"也获准与明交易铁锅。但由于担心边地民族用耕具等铁器私铸兵器，自嘉靖至隆庆初年明朝完全禁止了铁锅等铁制品的交易。

汉族商人卖什么？
明蒙互市贸易商品以生产和生活必需品为主。汉族地区输出的商品主要是粮食、丝织品及其他手工业产品。

马市兴衰

马市的开设情况在很大程度上可以反映明朝政府与北方少数民族的关系，这张图表统计了明代北方八镇对蒙古的马市数量变化：

颜色与边镇的对应关系：
（每个色块表示一处马市）

- 辽东
- 山西
- 甘肃
- 宣府
- 榆林
- 大同
- 宁夏

注：木市、临时性市场和存在争议的市口未在图中表示

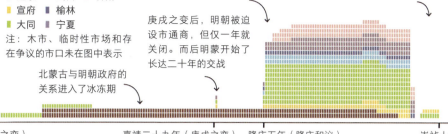

隆庆和议后，在长城沿线设置大量市场，自此开始明蒙的和平贸易

明末，马市随着战乱动荡而逐渐关闭。张家口市和杀胡堡市虽一直开放，但已被后金控制

永乐初年，明朝在辽东设市

土木堡之变后明蒙贸易中断

北蒙古与明朝政府的关系进入了冰冻期

庚戌之变后，明朝被迫设市通商，但仅一年就关闭。而后明蒙开始了长达二十年的交战

元年 8年	永乐三年 1405年	正统十四年（土木堡之变）1449年	嘉靖二十九年（庚戌之变）1550年	隆庆五年（隆庆和议）1571年	崇祯十七年 1644年

游牧民族的商品为什么更少？

边地少数民族以游牧为主，生产技术不发达，大多数生活用品都无法自己生产，十分依赖农耕经济。当贸易不能满足游牧民族的需求时，掠夺和战争就发生了。

 马
 驴
 羊
 骡子
 骆驼
 牛
 马尾
 皮袄
 皮张
 撒袋
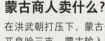 金银
玉石
靴子

牲畜
畜牧产品
其他

蒙古商人卖什么？

在洪武朝打压下，蒙古分为鞑靼、瓦剌和兀良哈三支。蒙古输入明朝的商品以牲畜和相关畜产品为主。

一匹马有多贵？

马匹在不同时代、不同关市中的价格不尽相同，用来交换的物品也不一样。总的来说，官市中的马匹价格决定权在明朝手中。市场中马匹被分为上上等、上等、中等、下等及驹，以下展现的均是中马的价格。

● 洪武十六年 河州
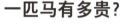
中马=30斤茶

● 洪武二十三年 河州

马≈钞85锭

● 永乐三年 辽东

中马=绢3匹，布5匹
中马=绢2匹，米10石

永乐四年，因兀良哈地区发生严重旱灾，故以马易米。

● 隆庆六年

山西 马=七两八钱
大同 马=七两四钱
宣府 马=八两二钱

隆庆和议后，明朝规定宣府、大同和山西三镇的马价：马价以布缯兼予，上马十二两，实得金九两；中马十两，实七两五钱；下马八两，实六两四钱。在实际交易中，并不完全按照这个马价执行。

（注：此处涉及的单位均为古代单位）

 木耳
 松子
 人参

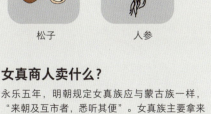

女真商人卖什么？

永乐五年，明朝规定女真族应与蒙古族一样，"来朝及互市者，悉听其便"。女真族主要拿来交易的是狩猎和采集到的物品。

 木材

辽河以西的汉族地区历来缺少木材，与之相邻的蒙古族活动地区拥有丰富的森林资源。
早在嘉靖年间，辽东地区就开始了木材交易。至万历二十三年，重开辽东木市，时间为"每岁春秋二季、每季按月三五次"，因为这时河水涨满，便于运输木材。

兀良哈商人卖什么？

兀良哈三卫指明朝时期的东蒙古。早在建文帝时，明朝就承诺兀良哈三卫"各居边境，永安生业，商贾贸易一从所便"。

守卫、生产两不误

驻守长城的军士们的口粮是如何解决的?

整个明代,长城沿线的常年驻军近百万人,很多地区偏远荒芜,如何保障大量官兵的粮食供给,可真是个难题!

明代解决边军粮饷主要有四种方式:屯田、民运、开中、京运。它们各有利弊,在不同时期各自的侧重不同。本图将以屯田为重点讲述。

京运
当本地的各种方式都无法满足军饷需求时,就只能从中央国库调拨饷银了。

开中
明代严控盐的交易,而开中制度就是招募商人运粮至边陲,从而交换盐引的做法。因运输成本高昂,后期商人也开始在边疆招人种田,称为"商屯"。

民运
顾名思义,就是让农民亲自运粮到边陲充当军饷。但因为运输条件落后,加之路途遥远,农民负担很大,逐渐出现了用轻便的物品代替粮米缴纳的情况。

屯田
在边陲地区官方划拨土地供守军耕种(军屯),或招民众耕种(民屯),从而提供边军口粮。自给自足的军屯,似乎理论上是最优解,却往往因各种原因,无法保证足够的收成,因而需要其他渠道来补充。

军屯的生产资料——耕农具和种子都由官府提持续不断地提供足够的资料本身就不是一件易

用什么耕种?

粮饷从哪里来?

洪武初年,规定马军月饷两两,步军 石,这一标准日后基本稳定,有时也会用银两替代部分粮米发饷。

明代根据士兵的职位、来源、有无家室等信息确定粮饷,最普通的步军每月粮饷为一石米。

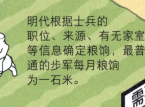

明代一"石"是如今的107.37升,大概是这么大

40厘米 40厘米 70厘米

需要多少粮?

每位参与军屯的军士会得到一定面积的屯地,理论上每份地是50亩,但这个数字会随实际情况改变。

标准尺
约170米
50亩

明代1亩约为今天的580平方米,所以50亩大约是170米见方的面积。

固原镇
98亩

屯地有多大?

一般来说,可支配土地越多、土地越贫瘠的地方,每份地的亩数越多。

7:3
"三分守城,七分屯种"是边地的标准分配比例。

8:2
在防御压力略低的内地,屯守比例也可以高一些。

5:5
如果是战争频发的要冲之地,屯守可能会对半开,甚至守多于屯。

对于军屯而言,为了平衡作战与生产这两项职责,需要合理地分配参与这两项工作的人员比例。这一屯守比例随地点和时期变化,这里展示了常见的几种。

是谁在种田?

都指挥佥书
卫指挥佥书
千户
百户
总旗
小旗

军屯的管理方式由明初军队编制发展而来。其中,一名百户管辖的就是一个"屯",驻扎七八十人到一百多人不等。

参与民屯的人员则主要来自三个渠道:强制移民、自愿征募和罪犯派发。

如何赏与罚?

卫指挥
百户 千户
−6

不同级别官员的赏罚标准不同

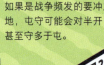

红色数字表示员多少月的薪

按照规定,军屯每份地岁末须缴纳六石余粮,这张表格展示了缴纳的余粮超过或不足六石时面临的奖励和惩罚。

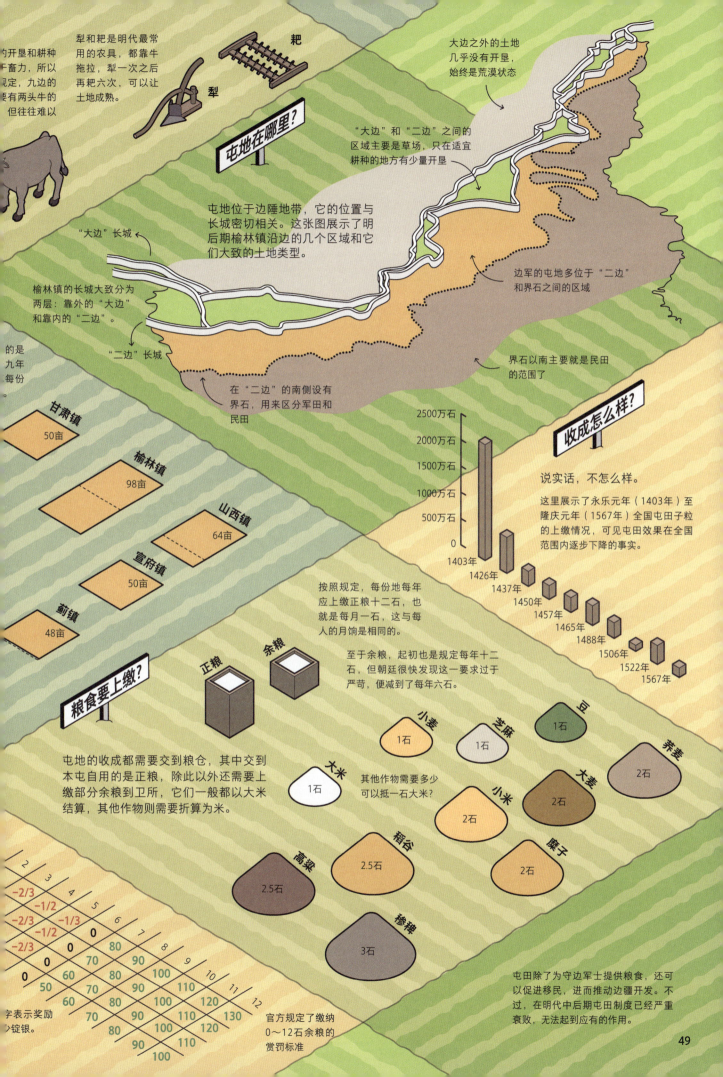

犁和耙是明代最常用的农具，都靠牛拖拉，犁一次之后再耙六次，可以让土地成熟。

耙

犁

大边之外的土地几乎没有开垦，始终是荒漠状态

屯地在哪里?

"大边"和"二边"之间的区域主要是草场，只在适宜耕种的地方有少量开垦

屯地位于边陲地带，它的位置与长城密切相关。这张图展示了明后期榆林镇沿边的几个区域和它们大致的土地类型。

"大边"长城

边军的屯地多位于"二边"和界石之间的区域

榆林镇的长城大致分为两层：靠外的"大边"和靠内的"二边"。

"二边"长城

界石以南主要就是民田的范围了

在"二边"的南侧设有界石，用来区分军田和民田。

甘肃镇 50亩

榆林镇 98亩

山西镇 64亩

宣府镇 50亩

蓟镇 48亩

收成怎么样?

说实话，不怎么样。

这里展示了永乐元年（1403年）至隆庆元年（1567年）全国屯田子粒的上缴情况，可见屯田效果在全国范围内逐步下降的事实。

2500万石
2000万石
1500万石
1000万石
500万石
0

1403年 1426年 1437年 1450年 1457年 1465年 1488年 1506年 1522年 1567年

按照规定，每份地每年应上缴正粮十二石，也就是每月一石，这与每人的月饷是相同的。

至于余粮，起初也是规定每年十二石，但朝廷很快发现这一要求过于严苛，便减到了每年六石。

粮食要上缴?

正粮　余粮

屯地的收成都需要交到粮仓，其中交到本屯自用的是正粮，除此以外还需要上缴部分余粮到卫所，它们一般都以大米结算，其他作物则需要折算为米。

小麦 1石　芝麻 1石　豆 1石　荞麦 2石

大米 1石　其他作物需要多少可以抵一石大米？　小米 2石　大麦 2石　糜子 2石

高粱 2.5石　稻谷 2.5石

掺种 3石

官方规定了缴纳0~12石余粮的赏罚标准

屯田除了为守边军士提供粮食，还可以促进移民，进而推动边疆开发。不过，在明代中后期屯田制度已经严重衰败，无法起到应有的作用。

字表示奖励
锭银。

2 3 4 5 6 7 8 9 10 11 12
-2/3
-1/2 -1/3
-2/3 -1/2 -2/3 -1/3
0 80
0 70 90
0 60 80 100
50 70 90 110
60 80 100 120
70 90 110 130
80 100 120
90 110
100

当代长城的发展

如今人们因何聚集在长城脚下？

这张图抓取并展示了北京境内长城两侧5千米范围内的"大众点评网"数据。观察长城附近有什么，可以帮助我们了解长城对当代人来说意味着什么。

本图绘制范围

北京市

永宁城是明代宣府镇最东侧的一座路城，如今成为永宁镇。作延庆区第二大镇，它的地位依重要，十字形的老街上聚集式各样的店铺。因为城墙没有下什么痕迹，人们可能很难意到，自己与长城的紧密联系。

图中的每个圆点都代表着距离长城5千米内的一处**商业经营场所**，颜色则代表着不同的类型：

这条深灰色虚线表示长城

一些商业密集的地点被放大出来，你可以更仔细地观察商业场所、聚落和长城的关系。

- 🔴 酒店
- 🔵 购物
- 🟢 美食
- 🟡 生活服务
- 🔵 汽车
- 🟢 休闲娱乐
- 🔴 家装
- 🟢 旅游
- 🟤 教育
- 🔴 美容
- 🟣 医疗
- 🟤 亲子
- 🟤 运动健身

注：
1. 本图商业经营场所数据来源为"大众点评网"，统计截至2018年，可能与实际情况存在出入。
2. 本图只统计了北京市内的数据，靠近省界的长城河北侧的商业经营场所并没有被显示出来。

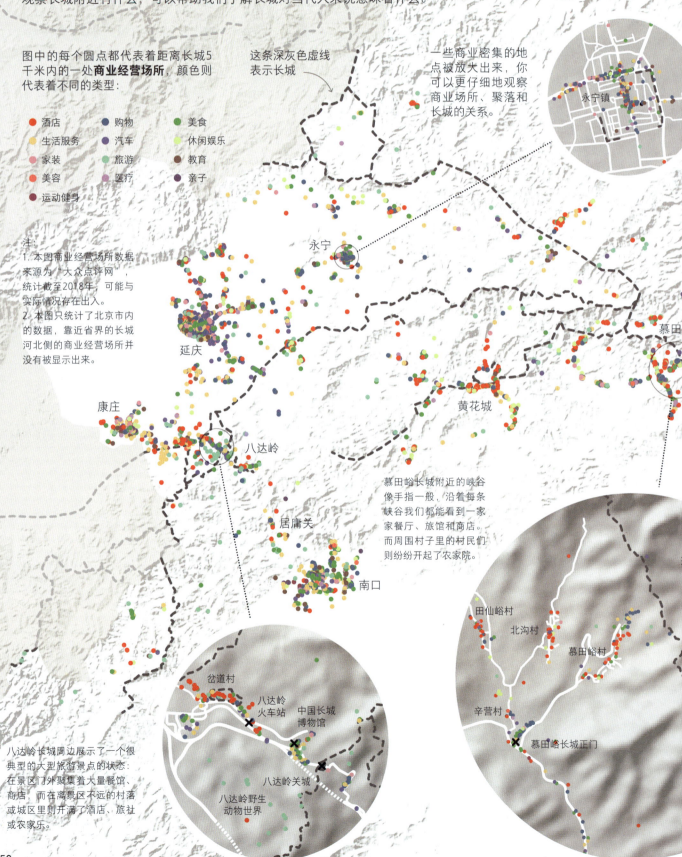

永宁镇

永宁

延庆

慕田

康庄

黄花城

八达岭

居庸关

慕田峪长城附近的峡谷像手指一般，沿着每条峡谷我们都能看到一家家餐厅、旅馆和商店。而周围村子里的村民们则纷纷开起了农家院。

南口

田仙峪村

北沟村

慕田峪村

岔道村

八达岭火车站

中国长城博物馆

辛营村

慕田峪长城正门

八达岭长城周边展示了一个很典型的大型旅游景点的状态：在景区门外聚集着大量餐馆、商店，而在离景区不远的村落或城区里则开满了酒店、旅社或农家乐。

八达岭关城

八达岭野生动物世界

50

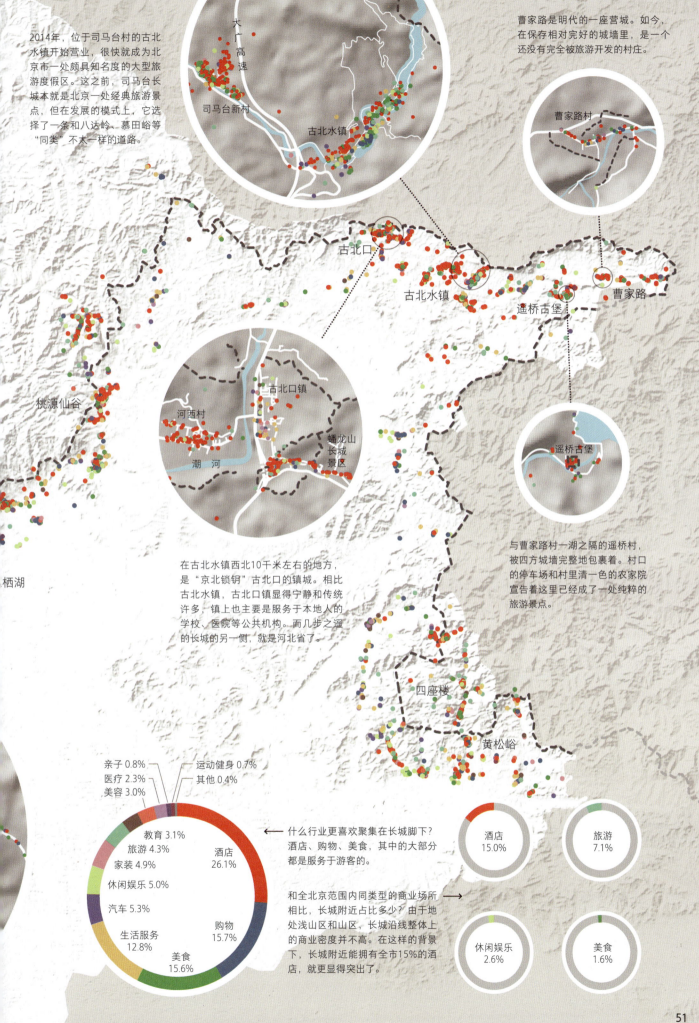

2014年，位于司马台村的古北水镇开始营业，很快就成为北京市一处颇具知名度的大型旅游度假区。这之前，司马台长城本就是北京一处经典旅游景点，但在发展的模式上，它选择了一条和八达岭、慕田峪等"同类"不太一样的道路。

曹家路是明代的一座营城。如今，在保存相对完好的城墙里，是一个还没有完全被旅游开发的村庄。

大广高速

司马台新村

古北水镇

曹家路村

古北口

古北水镇

遥桥古堡

曹家路

河西村

古北口镇

蟠龙山长城景区

潮河

遥桥古堡

桃源仙谷

栖湖

在古北水镇西北10千米左右的地方，是"京北锁钥"古北口的镇城。相比古北水镇，古北口镇显得宁静和传统许多，镇上也主要是服务于本地人的学校、医院等公共机构。而几步之遥的长城的另一侧，就是河北省了。

与曹家路村一湖之隔的遥桥村，被四方城墙完整地包裹着。村口的停车场和村里清一色的农家院宣告着这里已经成了一处纯粹的旅游景点。

四座楼

黄松峪

亲子 0.8% ── 运动健身 0.7%
医疗 2.3% ── 其他 0.4%
美容 3.0%
教育 3.1%
旅游 4.3%
家装 4.9%
休闲娱乐 5.0%
汽车 5.3%
生活服务 12.8%
美食 15.6%
酒店 26.1%
购物 15.7%

← 什么行业更喜欢聚集在长城脚下？酒店、购物、美食，其中的大部分都是服务于游客的。

和全北京范围内同类型的商业场所相比，长城附近占比多少？由于地处浅山区和山区，长城沿线整体上的商业密度并不高。在这样的背景下，长城附近能拥有全市15%的酒店，就更显得突出了。 →

酒店 15.0%

旅游 7.1%

休闲娱乐 2.6%

美食 1.6%

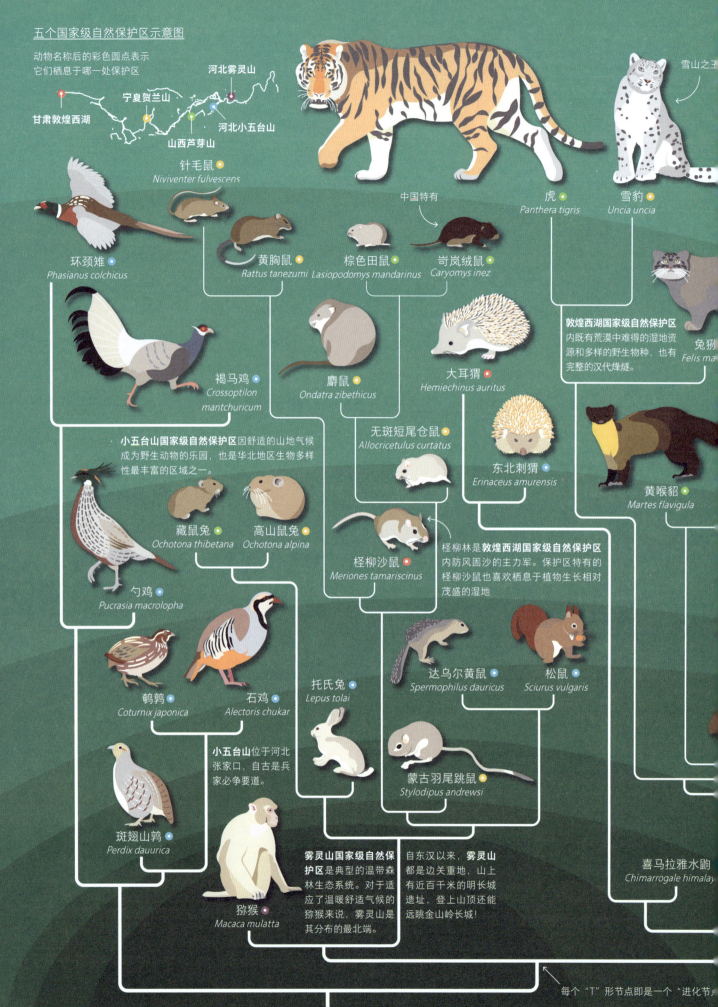

五个国家级自然保护区示意图

动物名称后的彩色圆点表示
它们栖息于哪一处保护区

河北雾灵山
宁夏贺兰山
甘肃敦煌西湖
山西芦芽山
河北小五台山

雪山之王

针毛鼠 🟡
Niviventer fulvescens

中国特有

虎 🟢
Panthera tigris

雪豹 🟡
Uncia uncia

环颈雉 🔵
Phasianus colchicus

黄胸鼠 🔵
Rattus tanezumi

棕色田鼠 🔵
Lasiopodomys mandarinus

岢岚绒鼠 🔴
Caryomys inez

敦煌西湖国家级自然保护区
内既有荒漠中难得的湿地资
源和多样的野生物种，也有
完整的汉代烽燧。

兔狲 🟡
Felis ma

褐马鸡 🔵
Crossoptilon mantchuricum

麝鼠 🟡
Ondatra zibethicus

大耳猬 🔴
Hemiechinus auritus

无斑短尾仓鼠 🟡
Allocricetulus curtatus

东北刺猬 🔵
Erinaceus amurensis

黄喉貂 🟡
Martes flavigula

小五台山国家级自然保护区因舒适的山地气候
成为野生动物的乐园，也是华北地区生物多样
性最丰富的区域之一。

藏鼠兔 🟢
Ochotona thibetana

高山鼠兔 🔵
Ochotona alpina

柽柳沙鼠 🟡
Meriones tamariscinus

柽柳林是**敦煌西湖国家级自然保护区**
内防风固沙的主力军。保护区特有的
柽柳沙鼠也喜欢栖息于植物生长相对
茂盛的湿地

勺鸡 🔵
Pucrasia macrolopha

鹌鹑 🔵
Coturnix japonica

石鸡 🔵
Alectoris chukar

托氏兔 🔵
Lepus tolai

达乌尔黄鼠 🟡
Spermophilus dauricus

松鼠 🔵
Sciurus vulgaris

小五台山位于河北
张家口，自古是兵
家必争要道。

蒙古羽尾跳鼠 🟡
Stylodipus andrewsi

喜马拉雅水鼩
Chimarrogale himalay

斑翅山鹑 🔵
Perdix dauurica

**雾灵山国家级自然保
护区**是典型的温带森
林生态系统。对于适
应了温暖舒适气候的
猕猴来说，雾灵山是
其分布的最北端。

自东汉以来，**雾灵山**
都是边关重地，山上
有近百千米的明长城
遗址，登上山顶还能
远眺金山岭长城！

猕猴 🔴
Macaca mulatta

每个"T"形节点即是一个"进化节

——每根竖线是一个"进化分支"。本图总的这一支，是动物界中最高等的**脊索动物**

贺兰山国家级自然保护区：贺兰山是温带草原区与荒漠草原的分界线。依靠山势的阻挡，贺兰山削弱了西北高寒气流东袭，阻止了潮湿的东南季风西进，又遏制了腾格里沙漠的东移，东西两侧的巨大的差异性气候，使得山间林草资源丰富，是许多珍稀动物的家园。

马鹿 ◉
Cervus elaphus

梅花鹿 ◉
Cervus nippon

原麝 ◉
Moschus moschiferus

马麝 ◉
Moschus chrysogaster

皇西湖国家级保护区气干旱、温差大、风沙肆虐，怪说"春风不度玉门关"。

盘羊是体形最大的一种绵羊。虽然生活在贺兰山，但盘羊并不是攀岩能手

岩羊步伐敏捷，被称为峭壁上的精灵。贺兰山是世界上岩羊分布密度较大的地区之一

狗獾 ◉
Meles leucurus

盘羊 ◉
Ovis ammon

岩羊 ◉
Pseudois nayaur

国家级自然保护区地势险古便是游牧民族与中原民族前线，北齐和明代都在此筑山下则是外三关之一的宁古时候这里常常会有虎、豺等珍稀兽类出没。

西伯利亚狍 ◉
Capreolus pygargus

中华斑羚 ◉
Naemorhedus griseus

才 ◉
lpinus

东方蝙蝠 ◉
Vespertilio sinensis

中华鼠耳蝠 ◉
Myotis chinensis

灰长耳蝠 ◉
Plecotus austriacus

什么是进化树？

进化树是动物的族谱，反映了各物种始于共同祖先的演化关系。一个简单的阅读方法是：物种经历的进化节点越少，它就越古老；反之，则越年轻。在这张图里，背景色彩的深浅也提示了这一点——背景颜色越深的物种越古老。

长城动物园

除了人类，长城还是谁的家园？

长城所处的很多地区都人迹罕至，但自古以来是野生动物繁衍生息的家园。在长城修建之前很长的时间里，它们在这里不断进化，形成了今天的物种样貌。我们找到了汉、明两代长城沿线的五个国家级自然保护区的一些特有物种，并把它们排布在了一棵进化树上。

图腾

在不同的场景下，长城成为很多东西的象征。在国歌里，和印在身份证背面的长城，象征着民族和国家。当我们评论一场足球比赛"防守队员在门前顽强地筑起了一道长城"时，长城象征着坚不可摧。对古代文人来说，长城及其边塞诗是壮怀激烈、马革裹尸的勇气和悲壮。而在大部分外国人眼中，长城就象征着中国。有趣的是，比起长城本身，如今与我们的生活更相关的，是它的各种象征意义。

长城见证中华民族

长城沿线的政治势力如何相互交往与融合？

几千年来，活跃在长城地带上的各民族因迁徙、战争、通婚而不断融合与发展。长城是游牧民族与华夏族群融合的纽带，也是中华民族多元一体格局形成的见证。

图例　　■ 民族兴起　　■ 民族衰亡　　一个民族因为迁徙、战乱等原因而融合到另一民族中。
　　　　■ 西域民族　　■ 北方民族
　　　　■ 东北民族　　■ 华夏族群　　民族走向

羌在古代往往是对中国西部族群的通称，历史悠久。

秦汉时，羌人多分布在长城西部地带。

河西之战后，汉朝在河西走廊设四郡，修筑令居塞，试图阻止羌人与匈奴联系。

羌

月氏分为大月氏和小月氏。张骞第一次出使西域主要联络大月氏，共同抗击匈奴，却被匈奴扣留十年之久。大月氏人后来逐步西迁至中亚，小月氏人则一直留在西北地区。

月氏

乌孙

乌孙是张骞第二次出使西域的主要目的地，汉朝想与乌孙合力对抗匈奴。

羯人

羯是魏晋时期的"五胡"之一批内迁入塞。

吐谷浑

吐谷浑是鲜卑西迁的一支，从东北地区发展而来，落脚到青高原的北部。吐谷浑和突厥、丹一样，都是隋长城重点防卫对象。

回纥

"回纥"意多个氏族部

突厥自立门户后，逐渐发展为草原的强悍势力。北周、北齐、隋朝都曾想用长城阻挡他们。

突厥

突厥的

柔然

柔然继匈奴、鲜卑之后，活跃在大漠南北的是柔然。

室

东北地始于5

战争、修筑长城、和亲、互市……都反映了中原王朝与匈奴王朝时战时和的状态。长城并没有阻挡双方沟通的步伐，前51年后，匈奴开始内迁入塞，逐渐步入华夏等族群之中。

匈奴

从春秋时期开始，**匈奴**一直是中原定居王朝统治者的邻居。

战国中叶，随着北方游牧势力的壮大，赵武灵王向胡人学习"胡服骑射"，北破林胡、楼烦，筑长城。至今仍能在阴山寻觅到赵北长城的遗迹。

东胡

东胡因为居匈奴以东而得名。

乌桓

乌桓原是东胡的一支，靠近长城，所需粮草"常仰中国"，与汉人有多方面交流。

鲜卑

鲜卑亦属东胡，东胡灭亡以后独立，逐渐向汉边塞地区靠拢。

契丹

跃了千年之古老而强大

398年拓跋鲜卑建立了北魏城并非汉族的专利，为了和契丹等势力，鲜卑于42年等相继修建和增补长城。

山戎

山戎是传说时代的古老民族。

秽

貊

秽、貊等族群都是从古老的东北部人群中分化出来的，语言、风俗大体相同，后来多连称"秽貊"。

朝鲜是一个跨国民族。燕国北长城止于古朝鲜西方。

古朝鲜

夫余是今东北腹地第一个建立政权的古代民族。

夫余

高句丽

高句丽作为族称在西汉前期已出现，前37年立国。

肃慎

肃慎是今东北地区较早的土著居民。肃慎是由多个氏族、部落组成的族群，后世不断分化重组，名称多有变化。**挹娄、勿吉、靺鞨**都是不同时代的不同名称。

挹娄

勿吉

汉族的前身是**华夏人**，长城地区是中华族群的重要发祥地之一。春秋战国时期，华夏族群开始逐渐定形并持续发展。

直到东汉时期才出现**汉人**这一称谓。当时说的汉人，虽然多指汉朝之人，但已有族称的意味。唐以后，"汉"成为了汉人的固定族称。

公元元年

华夏族群

汉人

前656年，楚国以"方城"自卫；后来齐国也开始修筑长城。

战国时期，秦、中山、魏、赵、燕等诸侯国纷纷修筑长城。

秦始皇于前215年修筑万里长城。

汉高祖称帝的次年就下令修缮长城。前127年，汉武帝开始大规模修建长城，汉朝是中国历史上修筑长城最多的王朝之一。

北齐从552年开城，但维持不被北周所灭。

春秋时期	战国时期	秦	汉	三国	两晋南北朝

注：本页内容参考《中国长城志》民族卷、《中国民族史》、《长城史话》等，根据与长城的密切关系挑选出部分民族以供说明。其他民族如沃沮、薛延陀、黠戛斯等因与长城的关系不大，未一一列明；突施骑和葛逻禄（突厥别部）等因是其他民族的分支，未一一列明。

唐朝以来，**羌人**不断受到汉人、鲜卑、吐蕃等文化的影响，逐渐融入到其他民族中；但也有一部分仍旧保持着秦汉以来的自身语言和习俗。

羌族

与明进行茶马互市的西番部族，包括藏、回、羌、蒙古等各部落，他们多用当地自产的上好马匹来换取日常嗜好的茶叶，以满足多方所需。

...朝建立后，青藏高原也出现了吐蕃...朝。923年之后，吐蕃灭亡，青藏高...又回到群雄并起、各方势力割据的...态。

经历了统一王朝和群雄割据的震荡，13世纪，青藏高原各部落逐步从分散的、多元的部落发展成一个民族共同体。1911年开始用"藏族"作为藏人的称呼。

吐蕃　　　　　　　　　　　　　　　　　**藏族**

"回回"原本是回鹘的音转，多指来自中亚各地的人，后来融合了汉、蒙古等族群因素，形成新的民族共同体。

"回回"商人也参与了明朝互市，他们从西域转销玉石贩于明或蒙古等地，又称"买卖回回"。

...立的西夏王朝从...续到1227年，曾...

824年，为了防御党项，唐朝在塞外新筑乌延、宥州等五城（均在今陕西靖边、内蒙古鄂托克前旗一带），依托旧有长城，补充了军事防御。

回回　　　　　　　　　　　　　　　　　**回族**

撒里畏兀　　　　　　　　　　　　　　**裕固族**
一支回鹘部落投奔吐蕃，在元代称为**"撒里畏兀"**。

"回纥"后来取"回旋轻捷如鹘"之意而改名**回鹘**。

回鹘　　　　　　**畏兀儿**　　　　　　**维吾尔族**
...陀原本是西突厥的别部。
回鹘其中的一支归附了蒙古，蒙元时期称为**"畏兀儿"**，是现代维吾尔族的先人。

沙陀

因为沙陀人骁勇善战，830年，"使居云、朔塞下，捍御北边"。

蒙古　　　　　　　　　　　　　　　　　**蒙古族**
1206年，成吉思汗统一了草原各部，**"蒙古"**一词成为草原各部的共同名称。

明以后，蒙古衍化为鞑靼、瓦剌、兀良哈三卫等多部。明朝采用不同的政策分而化之，并以九边重镇御守以防，双方纠葛长达数百年。

契丹人于916年建立了辽朝，将中国北方地区统一起来，在历史上第一次打破长城南北的阻隔。

为了防止女真攻击，辽朝于1058年也修筑长城。但好景不长，1125年辽就被女真所灭。

...防备唐朝，631年高句丽开始实...余年之久的防御工程——修筑长...但并没有挡住唐朝和新罗的联手...，668年高句丽国亡。

1135年，金朝开始修筑界壕和边墙，以防御蒙古。断断续续修了半世纪之久的金界壕并未挡住蒙古铁骑，1234年金朝被蒙古灭亡。

明朝洪武年间，高丽改回旧有族名——朝鲜。今尚有诸多朝鲜遗民生活在中国东北地区，称为**"朝鲜族"**。

1644年，清军入关，推翻了明朝的统治。

朝鲜族

女真　　　　　　　　　　　　**满洲**　　**满族**
932年以后，黑水靺鞨转附于契丹，并以契丹人对他们的称呼——**女真**，作为新的族号。

女真在与明、蒙古的博弈中抓住了机会，再次复兴。1635年，他们将族名改称**"满洲"**，后来以**"满族"**作为族称。

赫哲、鄂伦春、鄂温克等民族

渤海
靺鞨的一支与高丽人共建渤海国，**"渤海"**既是族名也是国号。

还有数量不等的女真人没有离开东北边疆，他们后来发展成为**赫哲、鄂伦春、鄂温克等民族**。

汉族

短暂，但却
筑长城上花

明朝在稳固了中原的统治以后，马上开始修缮、扩建长城，巩固战果；但这一修，就修到了末年。

| 唐 | 五代十国 | 辽、北宋、西夏 | 金、南宋 | 元 | 明 | 清 |

诗词印象

在古代文人心中，长城是什么？

千年以来，得益于独特的游仕制度与宦游文化，天下才俊经略南北，遍览四方。长城，作为重要的军事工程，自然成为了文人骚客视察、游历、咏叹的对象。与长城有关的诗词数不胜数，其中表现出的一些观念并未随改朝换代而消逝，甚至至今仍在影响着我们。本图展示的是对提及长城的2000多首诗词进行语义分析后得到的"长城印象"。我们把它们分成了五类，或许能够代表古人对待长城的主要态度。

右侧所呈现的汉字，都是与长城有关的诗词中出现的高频词。如果一首诗写到了"边墙""烽火""征夫"以及"长城"等词语，这首诗就很可能是关于长城的。用"边墙"称呼长城的多为明代诗人，清代有时也会延用该词语。

这几首写到长城的唐诗你可能听说过：

《出塞》
[唐]王昌龄

秦时明月汉时关，
万里长征人未还。
但使龙城飞将在，
不教胡马度阴山。

《凉州词》
[唐]王之涣

黄河远上白云间，
一片孤城万仞山。
羌笛何须怨杨柳，
春风不度玉门关。

《雁门太守行》
[唐]李贺

黑云压城城欲摧，甲光向日金鳞开。
角声满天秋色里，塞上燕脂凝夜紫。
半卷红旗临易水，霜重鼓寒声不起。
报君黄金台上意，提携玉龙为君死。

你能读出这首诗写的是哪段长城吗：

《长亭怨慢》
[明末清初]屈大均

记烧烛、雁门高处。
积雪封城，冻云迷路。
添尽香煤，紫貂相拥、夜深语。
苦寒如许，难和尔、凄凉句。
一片望乡愁，饮不醉、垆头驼乳。
无处，问长城旧主，但见武灵遗墓。
沙虫似箭，乱穿向、草中狐兔。
那能使、口北关南，更重作、并州门户。
且莫吊沙场，收拾秦弓归去。

"坐见长城倚天宇"

当第一次看到宛如巨龙般绵延起伏的长城时，大多数人都会发出由衷的感叹，或是感慨它"屹立如巨屏"，或是惊讶它"尽处海山奇"。往往还会将长城与统治强弱相联系，其中，最常被提及的朝代是：秦与汉。

"秦皇何事苦苍生"

蒙恬建长城、孟姜女哭长城等或真或假之事在长城诗词中非常常见。大多数提及秦朝的诗词却是在批评秦始皇修长城之事，并借此暗示：修建长城并不能平天下，徒增老百姓的苦难；只有得人心者，才能得天下。

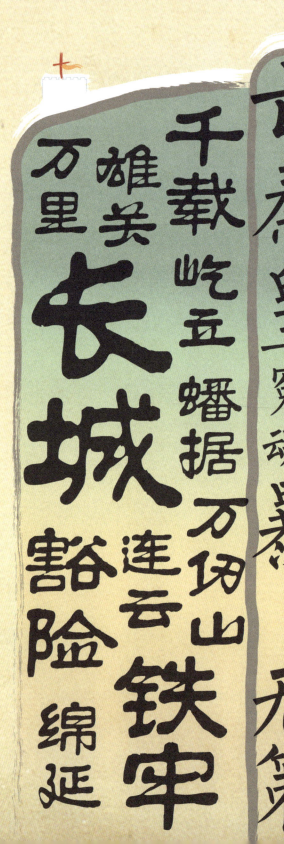

万里　雄关　千载屹立蟠据万仞山连云铁牢害谷险绵延　亡秦皇冤魂暴崩无策　苍生蒙恬无道哭何必望夫

"但使龙城飞将在"

是后世人十分向往的辉煌朝代。其中□朝、唐代的文人尤其喜爱回忆汉代边□争，想象汉代大将的风采，或是称赞□兵将有汉代遗风。李广、霍去病、卫□又□代将领均常常被提及。

 殇

"髑髅皆是长城卒"

被遣去修筑长城的百姓被称为"征人""役夫"，驻守长城的军人被称为"卒""兵"，长城诗词中描述他们的词却通常是"白骨""血泪"，甚至"尸骸"等骇人听闻的词语。在秦汉、唐、两宋以及明等边疆多战事的朝代，前往长城的路，总是不归路。

 忠

"向国报恩心比石"

驻守长城的勇武将领也是文人们常常歌咏的对象。这类作品自然要描绘将领的勇武，赞扬他们为国捐躯的忠心，偶尔也会设身处地地表达一些边塞苦寒生活中的小确幸。不过，作者对长城勇士们的描写多是虚实混杂的，这也是边塞诗的一大特色。

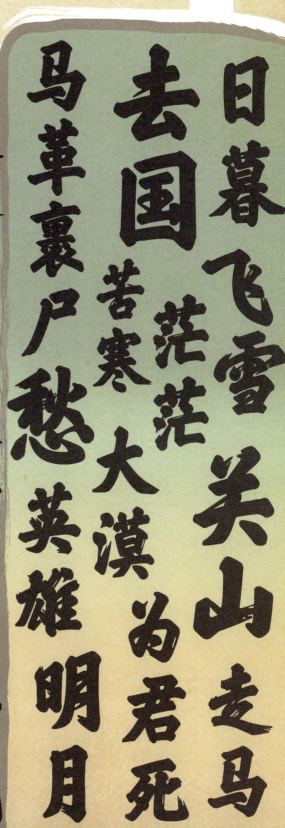

铁骑
霍卫 汗马飞将
又家 锋芒 雄豪 龙虎
□国□士

役夫 征人丁夫
死不归路万骨无还者
望乡水腥血泪白骨
尸骸痛哭悲风

日暮飞雪关山走马
去国茫茫
苦寒大漠为君死
马革裹尸愁
英雄明月

100个长城牌

你一定使用过长城牌的东西，信不信?

长城作为文化符号，已经深深融入了我们生活中的各个方面。这里展示了100件以"长城"为品牌名的物品，而它们也只是冰山一角而已。

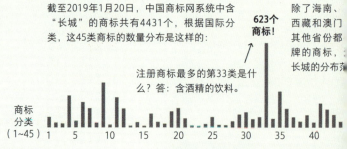

号码机
和油墨

钢卷尺

纸

婴儿食品

浙醋

薯条

各种蔬菜

你在快餐店吃的炸薯条也有长城牌！

食物

民以食为天！长城牌食物可能比你想象的普遍，因为它们多出现在幕后，让普通消费者难以意识到它们的存在。

食用菌

种子

农药

皮尺

文具

不同公司的长城牌文具几乎涵盖了所有常用文具类型，也不乏长城牌铅笔等明星产品。

各种罐头

方糖

冬菜

养殖牛和种植牧草

印泥

速冻食品

甘栗仁

牛奶

酸奶

铅笔 铅笔芯 橡皮

吸烟有害健康！

香烟

饮品

长城葡萄酒早已深入人心，全国还有很多长城牌的其他种类的酒。软饮和乳制品也很普遍，停产的老品牌近年也被复活。

1993年之后，买卖虎骨制品构成违法。

订书器

雪茄

茶叶

虎骨酒

葡萄酒

啤酒

汽水(新)

汽水(老)

果汁

脉冲治疗仪

二胡线

表演用的兵器

服装

武术服

PVC制品

耐火材料

药品

医药

天津的长城牌中成药是当地知名品牌。其他地方也有长城牌医疗器械和仪器生产。

针灸针

绝缘胶带

羽毛球拍

材料

与工业和建筑业联系紧密的各种特殊材料也常常用长城作品牌。

石墨制品

硬质合金制品

齿轮

银锭

金条

手表

鞋底

运载火箭发射服务

其他

有文的也有武的，有昂贵的也有廉价的，有天上的也有地上的，但它们都是长城牌。

焊接条

电缆

烟花爆竹

液压设备

制茶机械

工业

长城牌在工业中出现得非常普遍。这也许与长城厚重、坚固的形象有关。

蓄电池

机床附件

锅炉

润滑油

防冻液

过滤设备

摊铺机

轮胎

汽车

挂车

注：本图未体现长城牌在服务业（如金融、安保等）中的使用。

《长城上的敌台》
[英]《伦敦新闻画报》，1850年

What a Great Wall!

在西方人心中，长城是什么？

和将长城单纯视为军事设施的古代中国人不同，自古以来西方人心中的长城都像是一种象征物：它象征着东方神秘的未知世界、理性与秩序、最强的人造防御工事……以及，中国。

دیوار بزرگ　万里の長城

Μέγα Σινικό Τείχος　만리장성

Chinese Muur　Murus Sinicus

Gran Muralla　Chinesische Mauer

Grande Muraglia　Grande Muralha

Grande Muraille　Great Wall

长城如今在英文中被称为 "the Great Wall"，这个名字至迟是在19世纪末出现的。直译为"伟大的墙"的翻译还存在于法语（La Grande Muraille）、西班牙语（La Gran Muralla）等语言中。但在另一些语言中，它则被称作"中国的墙"，比如德语（Chinesische Mauer）和荷兰语（Chinese Muur）。

在外太空能用肉眼看见长城？所有长城都是2000多年前秦始皇修的？长城只有军事功能？……尽管如今长城对西方人来说已不再神秘，但许多人仍然会对长城有各种误解。相信看完本书的你，也可以为"老外"们更好地介绍长城了！

> 在东方和距两个斯基泰地区以远的地方，有一用高墙筑成的圆城廓将赛里斯国环绕了起来。
> ——[古希腊]马尔塞林的《事业》

> 据说中国国王拥有一道城墙，只在遇到极高的山和很宽的河的地方才会断开。
> ——[埃及]努威里的《文苑观止》

> 43度至45度之间矗立着一道城墙，西起嘉峪关，沿山脉而行，东至东海海角，长度在200里格（约1000千米）以上，是一大奇观。城墙并未连成一体，而是利用了陡峭山脉，只是在关隘处筑有城墙。城墙是为防范鞑靼人或羌家人之入侵。
> ——[葡]巴洛斯的《每十年史》

> 中国北部有一道方石筑成的雄伟边墙，有差不多七百里格（约3500千米）长，七呬高，底部六呬宽，顶部三呬，据说全盖上瓦，是世界上著名的建筑工程之一。
> ——[西]拉达的《记大明的中国事情》

《寰宇全图地图册·中国地图》（局部）
[比]亚伯拉罕·奥特里斯，1584年初版，1606年再版

这是目前已知的第一张标注出长城的西方地图。图中写道："在崇山峻岭之间，有一座由中国皇帝建造的、长400里格（约2000千米）的墙。它是用来防止鞑靼人入侵的。"不过，这张图中的长城和真正的明长城不太像，长度也不对。

第一阶段　东方传说

16世纪以前，西方人的长城知识主要来自丝绸之路商人、各使节和流亡者的道听途说。口口相传的零碎信息混杂着讲述者东方的主观想象，让长城早期的形象夸张而神秘——毕竟，讲述者可能根本没亲眼见过长城。

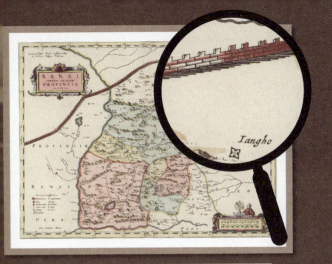

《Atlas Maior 地图册·中国山西地图》
[荷] 约翰·布劳，1655年
本套地图中长城的外观已经和真正的长城十分接近。

威廉·埃德加·盖洛
（1865－1925年）

威廉·埃德加·盖洛和他的《中国长城》

威廉·埃德加·盖洛在1907－1908年从山海关走到嘉峪关，是完成此举的第一人。1909年，他出版了《中国长城》，这也是世界上第一本关于长城的专著。

外国探险家用照片做成的明信片
[日、美、德、英] 探险家们，约1900年

《中国长城局部：古北口》
[英] 威廉·亚历山大，1793年初绘，1797年重绘
尽管画师其实并没有亲眼见到长城，不过这张水彩画在19世纪被不停地重绘、出版，这也是西方世界见到的最早的长城视觉图像。

（长城）过去曾固若金汤，而今却几近废墟——长城上那些经历了无数次战斗的砖砌平台和雉堞以及无数长城建造者是如何凭借他们的勤勉和机巧，克服重重困难，把这座巨大无比和举世闻名的长城建在了那些山谷、河流、丘陵和高山上。

——[英]《伦敦新闻画报》1842年12月10日 "

从这些拱顶建筑看出，它们似乎是专门为弓箭手和手持长矛的兵勇——并非为哪种火炮——而设计的。

——[英]《伦敦新闻画报》1850年10月5日 "

部分在长城留影的外国元首

最常被外国元首访问的长城是哪里？毫无疑问，一定是八达岭。而首脑们在八达岭留影的背景，还是同一个地方，即北二楼至北四楼间的经典"VIP地段"。在这里拍过照片的外国首脑包括：尼克松、伊丽莎白女王、叶利钦、明仁天皇、卡斯特罗、奥巴马等。

在包括《牛津世界地图集》在内的一些西方世界普遍使用的地图上，长城都被特意标出（尽管不完全准确）。

OXFORD **ATLAS** OF THE **WORLD**

| 18世纪 | 19世纪 | 21世纪 |

第二阶段 世界奇迹

世纪起，欧洲进入了大航海时代，不断有西方传教士和"友"使节来到东方，以震惊而警惕的目光打量着趴在山脉上的巨龙"——长城。不过，当他们发现长城对自己的威胁并不的时候，对它的军事兴趣就逐渐转为考古兴趣。

第三阶段 旅游必去之地

20世纪初，前线记者对长城的新闻报道吸引了众多探险家前来一探究竟。探险家们回国后出版的游记又进一步巩固了长城的"世界奇迹"形象。之后，长城开始出现在西方教科书、工具书与电视节目中，成为常识般的存在。今天，外国人来访中国时的"must-go places"名单中，一定会有长城。

1千米长的长城附近就能捡到300多袋垃圾。

文物

过去，需要长城来保护我们，而现在，则需要我们来保护长城。保护长城的共识在今天似乎并不难以达成，但实际的保护工作仍然困难重重。放眼世界，没有哪一处历史文化遗产会覆盖如此广阔的地区，而"长城每天都在消失"的言论并非耸人听闻。那我们每个人都可以参与到保护长城的行列中吗？这一章的内容将告诉你，答案是肯定的。

破坏长城

长城是如何一点点消失的?

长城是坚固的，但即便不经历战火，它也会由于各种原因被毁坏。强大的自然力上千年来持续不断地磨损着这座巨大的人造物，而人类自己的很多活动也对长城造成了损害。

人 —— 人为的破坏
土 —— 与地质条件有关的破坏
水 —— 与水有关的破坏
电 —— 与雷电有关的破坏
动 —— 与动物有关的破坏
木 —— 与植物有关的破坏
冰 —— 与温度有关的破坏

刷涂标语 人

长城墙体和建筑上留有不同年代刷的标语，在这些"浓妆艳抹"之下，长城的肌理已经模糊难辨。

私拆

长城包砖在哪里？神奇的长城砖不仅出现在长城上，还被用来盖房子、建丰圈、围菜园，可谓一砖多用。

涂抹刻画 人

长城上随处可见不同语言、形象的刻画痕迹，多是刻字留名，甚至还有人写"保护长城"！

取土 人

夯土长城附近的很多人都对土墙虎视眈眈。长城土被用来垫地基、修院落、补耕地，纵有万里也将不复存在。

人们为了通……边墙上开了大……豁口。长城本这……走的人多了，也……

随地乱扔垃圾 人

攀爬踩踏 人

游人随意攀爬长城、扒毁城砖、踩踏登步道，使本来就脆弱的墙体和建筑松动、开裂。这并不是一种"征服长城"的好方式。

掏建窑洞 人

窑洞是西北地区传统居住方式，但你见过长城上的窑洞吗？有的土质边墙和墩台都被挖了窑洞，在还有人住在长城里。

不恰当的修缮

把所有长城都修成八达岭，拆了长城在原址上重建？拆东墙补西墙？简单粗暴的修缮不单没有起到保护作用，反而加重了伤害。

整地耕种 人

建造长城的土地肥沃程度怎么样？这不好说，但的确有人成功地在长城上种了菜。

私搭乱建 人

这是名副其实"住在长城脚下"的一些人。他们把长城用作自家院墙，或是开辟一段墙成为屋墙，甚至直接把屋子建在长城上。

过度旅游开发 人

一些著名景区人满为患，长城已经不堪重负。急功近利的旅游开发会产生大量配套设施，破坏长城本体和周边环境。

长城常建在山上、山……地带，很容易遭受雷击……传统的砖石木结构，没有……的能力。

盗掘文物 人

古人在长城附近遗落的兵器和日用品在一些人眼中看来就是致富的捷径。

非法采矿 人

非法采矿者将长城挖出一个缺口，炸山采石也让附近的长城摇摇欲坠。

景观破坏 人

跨过长城的高架桥、电线等基础设施，高压输电线，都破坏了长城古朴的韵味。

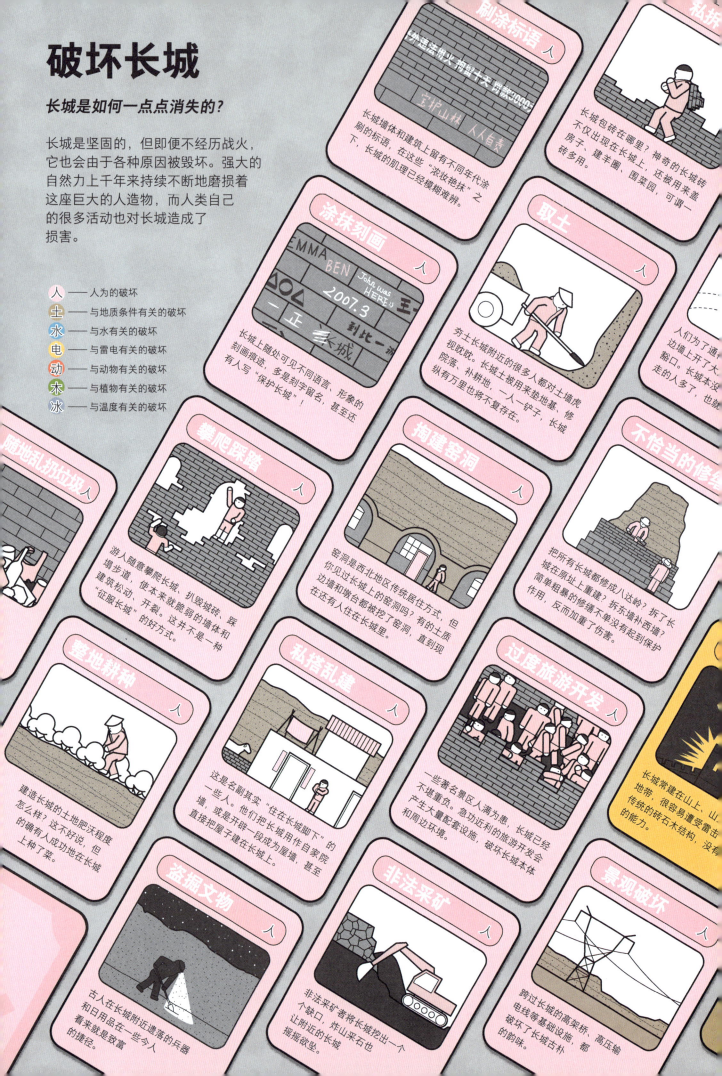

基建工程 人
铁路和输油管道等大型基…频繁穿越长城。在兰新铁…高速公路的两侧不时能看…的墙体和烽燧。

酸雨 水
砖砌长城和石砌长城的主要黏结剂——石灰，很怕酸的腐蚀，而酸雨对石刻和城砖本身也有腐蚀的作用。

酥碱 土+水
土长城里的可溶性盐，随着温湿度的变化而重复着"结晶膨胀"和"溶解收缩"的循环，这会让土变得疏松，一点点脱落。

雨水侵蚀 水
土质墙体的耐水性比较差，雨水冲刷墙体，使得墙表面松散、片状开裂，长期下来还会在墙上形成冲沟，甚至造成坍塌。

风沙侵蚀 土
数百年来的大风将边墙表层土剥落吹落。当风中挟带沙石时则更加严重，墙的中部和底部会被风沙打磨而产生掏蚀，最终坍塌。

动物踩踏 动
长城沿线的动物踩踏、刨食，尤其是放牧的牛、羊，在城墙和台体留下了足迹和粪便。

洪水冲刷 水
…接触的城墙段受到洪…山西老牛湾长城…长城城桥在历…大毁坏冲垮过。

沙漠覆盖 土
长城处于荒漠与农耕区的边缘地带上，随着西北地区土地荒漠化加剧，长城也会被风沙吞没。

动物筑巢 动
鸟类和昆虫在土质墙体上钻孔安家，鼠类、蛇类、兔类打洞把长城变得千疮百孔，使墙体越来越脆弱，加剧风化。

地震 土
长城由东到西穿越了多个地震区和地震带。在地震的巨大作用力下，城墙和建筑轻则开裂位移，重则崩裂坍塌。

苔藓滋生 木
苔藓和地衣会分泌有机酸等物质溶蚀墙体。但也有人研究发现，苔藓与表层土形成一个密实的结构面，能防止风雨侵蚀。

温差破坏 水
在温差比较大的地区，土墙表面与内部温度往往不一致，积膨胀与收缩不同步，所以体积松、产生裂缝。

地质沉降 土
…缓慢

根系生长 水
长城上小乔木、灌木和草本植物的根系深入墙里，使墙体变得疏松、膨胀开裂。

冰雪冻融 水
土里的水因寒冷结冰，气温回升后，冰又融为水渗入墙体，使墙掏蚀凹进。

意想不到 ?
很多意想不到的事情都会破坏长城，所以就更需要研究如何保护它。

地方法规

红丹县边墙保护管理办法　北京市长城保护管理办法　山丹县长城管理办法
甘肃省文物保护条例　河北省长城保护办法

长城所在地的情况各不相同，只有国家标准显然不够，还需要长城沿线各省市根据自身的情况，制定专门的法规或实施细则。

保护单位

全国重点文物保护单位
万里长城　八达岭
古长城段
中华人民共和国国务院

在我国的体系中，认定文物保护单位是所有保护工作的基础。如今，全国所有长城认定段落中的86.7%都已经成为了保护单位。

监测与维护

和人一样，长城也要日常维护。除杂草，扫积雪，把脆弱……预先支撑起来……在小得缕能避免很多大麻烦。

关于维修

长城保护维修工作指导意见

各地长城形制、材料、工艺都不一样，那长城到底应该怎么修？《长城保护维修工作指导意见》提供了一些基本思路和引导。

国际公约文件

保护世界文化和自然遗产公约
Convention Concerning the Protection of the World Cultural and Natural Heritage

长城在1987年被列入世界遗产名录，作为全人类遗产的一部分，长城的保护工作在国际上备受瞩目。

保护范围

我们保护的不只是长城本身，俗话说"唇亡齿寒"，因此在长城两侧划出10～500米的缓冲区，长城也会更安全一些。

抢险加

关于管理

长城"四有"工作指导意见

有保护范围、有保护标志、有记录档案、有保护机构。尽管长城遗迹的保存状况不一，但这四个"有"一个都不能少。

长城保护规划

长城保护总体规划

与保护法规不同，保护规划是更细致的保护措施和实施计划。在各地方的规划基础上，长城保护总体规划也于2019年1月颁布。

保护标志

130624
352103
170043
长城

长城保护标志有标志……说明牌三种。其中……护范围的界桩最多……则是很多人的扩……

文物保护法

中华人民共和国文物保护法

长城是不可移动文物，受到文物保护法的保护；《中华人民共和国文物保护法》则是长城保护最根本的一项法规。

关于保护员

长城保护员管理办法

长城分布太广了，一些长城附近的居民便承担起了维护长城的重任。他《长城保护员管理办法》明确了他们的身份、职责和权益。

执法巡查督察

立法不是终点，而是开始。法规的执行需要长期而持续的巡查和督察，你可以在国家文物局网站上查到每年的案件和处理结果。

法规

保护长城需要有法可依。本图致详细地列举了长城保护相关的法规。

长城保护条例

长城保护条例

《长城保护条例》是国务院颁布的为长城定制的专项保护法规。

关于执法

长城执法巡查管理办法

《长城执法巡查管理办法》是政府及文物部门执法巡查的指导和依据。

违法举报热线

12345

当你发现……

保卫长城

我们可以为长城做些什么？

我们都会同意，保护长城是必须的，但至于怎样保护长城，可能就说不太清楚了。事实上，我们可以为长城做很多事情。其中有一些，即便你不是相关专业人士，也可以做。

与长城法规建设有关的保护——法
与长城管理有关的保护——管
与长城维修有关的保护——修
与长城研究有关的保护——研
与公众参与有关的保护——众

（左上） 在讨论保护长城之前，我们总得知道有哪些东西需要我们去保护！当然，想摸清万里长城的家底儿并不容易，但却必不可少。

长城教育 长城是一本大书，当你仔细阅读它时，不仅会读到长城本身，还有历史、地理、文化、艺术……让我们把课堂搬到长城上吧！

研究长城（研） 几百年来，长城吸引着无数人去研究它，积累了很多成果。尽管如此，也仍然遗留了大量未解之谜，需要今人和后人继续努力。

合理旅游开发（众） 旅游开发既能让我们亲近长城，也可以为长城所在地——尤其是一些偏远地区带来经济效益。不过，开发仍应以保护为前提。

（左中，善） 为长城"诊病疗伤"并不简单，要先详细勘察记录病征，然后对症下药，尽量用原材料、原工艺修复成原来的模样，绝不能给长城整治。

共享资源（修） 长城的信息被公开得越多，我们越能深入地了解长城，进而引发更多的研究和行动。在这方面，"中国长城遗产网"开了个好头。

社会组织（众） 如今，我国已有长城相关的社会团体近30个，还有更多的非正式的团体和小组，在长城研究和宣传教育方面做了很多努力。

你的参与！

载体保护（修） 加固维修长城基础、整治遗址周边环境、修建防洪堤和泄洪渠，都能提高长城应对地质灾害的能力，让长城站得更稳。

长城艺术创作（众） 一千个人心里就有一千个长城！古今中外因长城而起的艺术创作数不胜数，长城真是绝佳的灵感缪斯。

互联网众筹（众） 腾讯公益　保护长城加我一个　60%　我要捐款
互联网让我们可以更直接地参与长城保护，众筹便是其中一个途径。

记录档案（管） 档案是长城的基础资料，它并非一劳永逸的工作，而是需要不断更新。

保护性的设施（修） 为了保护长城的安全，以围栏为代表的各种附加设施也会派上用场。

（这本书）（众） 长城绘
你手上的这本漂亮的书，也是我们一次保护长城的尝试呢！

修之前·修之后

如何修复长城?

对长城的修缮自古有之，只是古人把它作为堡垒来修缮，今天的我们则把它作为文物来修缮。作为堡垒的长城修得越坚固越好，但作为文物的长城该怎么修呢？从本页展示的例子来看，这不是个容易回答的问题。

1 八达岭

20世纪50年代，八达岭长城被修缮为游览区，这是新中国第一项长城工程，也成了后来很多修缮项目的参考。

八达岭西关门"居庸外镇"一侧在晚清时便已坍塌，1953年被重修。仔细观察，你可以发现重修后在材料和形制上的一些改变。

2 山海关

山海关是明长城最著名的关隘之一，它最标志性的景观便是伸入海中的老龙头了。不过，老龙头在1900年被八国联军毁坏，成为一片废墟。20世纪80年代，在"爱我中华，修我长城"的倡导下，山海关老龙头的靖卤台、澄海楼等一系列已经消失多年的建筑被重建起来。

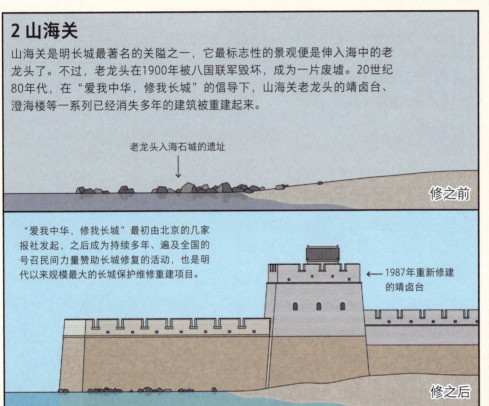

← 老龙头入海石城的遗址

修之前

"爱我中华，修我长城"最初由北京的几家报社发起，之后成为持续多年、遍及全国的号召民间力量赞助长城修复的活动，也是明代以来规模最大的长城保护维修重建项目。

← 1987年重新修建的靖卤台

修之后

5 玉门关

建于西□□在20世□□

这一块是20世纪80年代所建的用于加固的墙体 →

坍塌后形成的土堆 →

3 司马台

"整旧如残，整新如残"思路让司马台在20世纪八九十年代的长城维修项目中显得独树一帜。

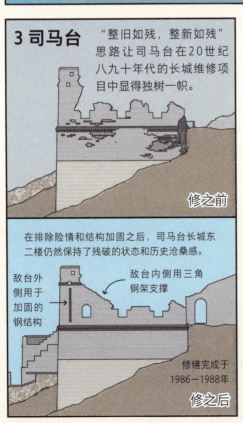

修之前

在排除险情和结构加固之后，司马台长城东二楼仍然保持了残破的状态和历史沧桑感。

敌台外侧用于加固的钢结构 →

← 敌台内侧用三角钢架支撑

修缮完成于1986—1988年

修之后

4 居庸关

居庸关关城内的木结构建筑，在民国时期便已基本无存，城垣也因年久失修和基础设施建设而日益损坏。1992—2002年，居庸关经历了大规模的修缮和复建，才形成了如今的样貌。

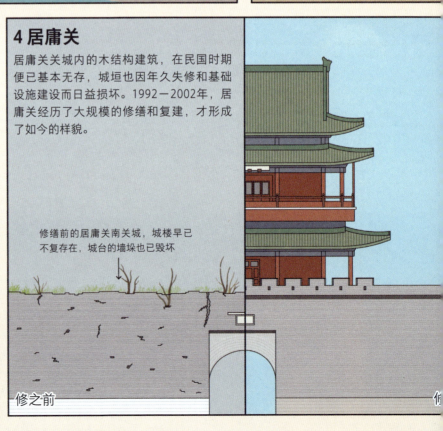

修缮前的居庸关南关城，城楼早已不复存在，城台的墙垛也已毁坏

修之前

建安堡建于明代，以夯土为主要材料，2013年的修缮以不改变原状和最小干预为原则，在土长城修缮中很具有代表性。

7 锥子山

锥子山长城的修缮因2016年一则"最美野长城被抹平"事件引发了全民的关注和讨论。

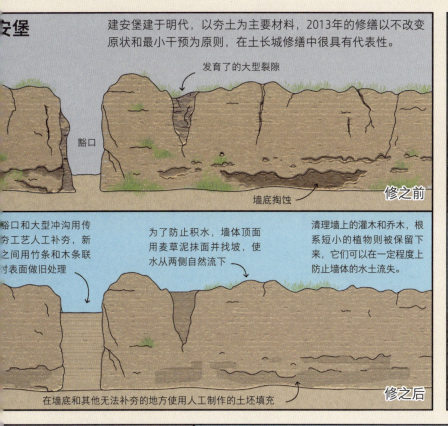

发育了的大型裂隙

豁口

墙底掏蚀

修之前

豁口和大型冲沟用传统夯工艺人工补夯，新旧之间用竹条和木条联结，表面做旧处理

为了防止积水，墙体顶面用麦草泥抹面并找坡，使水从两侧自然流下

清理墙上的灌木和乔木，根系短小的植物则被保留下来，它们可以在一定程度上防止墙体的水土流失。

在墙底和其他无法补夯的地方使用人工制作的土坯填充

修之后

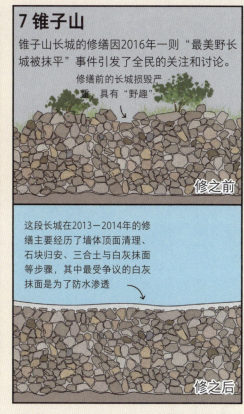

修缮前的长城损毁严重，具有"野趣"

修之前

这段长城在2013—2014年的修缮主要经历了墙体顶面清理、石块归安、三合土与白灰抹面等步骤，其中最受争议的白灰抹面是为了防水渗透

修之后

两千年，它的夯土墙已经严重损坏。年前后它经历了两次大规模的修缮。

玉门关墙体上体现出的损坏主要有两种：一是表面的风化，二是坍塌和裂缝。

修之前

大型裂缝通过锚杆锚固、填土和PS溶液等方法加固

在左侧已坍塌的墙体外侧，新夯筑了一层土墙，两层墙之间用锚杆联结，以防止墙继续坍塌

墙体表面用PS（高模数硅酸钾）溶液处理，可以更好地抵御风雨侵蚀

独立的木平台，使游人可以进入遗址参观，并不碰触遗址本身

修之后

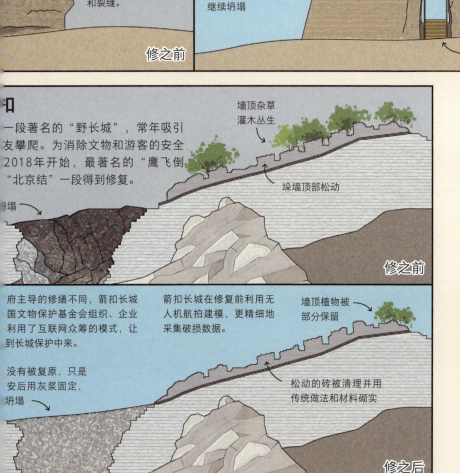

一段著名的"野长城"，常年吸引友攀爬。为消除文物和游客的安全2018年开始，最著名的"鹰飞倒"北京结"一段得到修复。

墙顶杂草灌木丛生

垛墙顶部松动

修之前

府主导的修缮不同，箭扣长城国文物保护基金会组织、企业利用了互联网众筹的模式，让到长城保护中来。

箭扣长城在修复前利用无人机航拍建模，更精细地采集破损数据。

墙顶植物被部分保留

松动的砖被清理并用传统做法和材料砌实

没有被复原，只是安后用灰浆固定，坍塌

修之后

今天我们怎样修长城？

本页展示的长城修缮案例时间跨度近70年，我们从中可以看到修缮思路的转变——从早期常见的以重现历史风貌为目标的复建，再到近年来越来越多的以抢险加固为目的、以不改变原状为原则的维修。

2014年颁布的《长城保护维修工作指导意见》写道："长城本体抢险加固、消除长城本体安全隐患是长城保护维修工作的首要任务……长城保护维修必须遵守不改变文物原状和最小干预的原则。"

在这些规则指导下所修的长城看起来可能和修之前没有什么变化，却是基于更实际的长城保护需求所做的维修。

如果还是想看长城完整的、古时候的样子呢？也许更新的数字技术能实现这一点。

研究机构

政府机关

修缮工程

全国重点文物保护单位

万里长城－嘉峪关

中华人民共和国国务院
一九六一年三月四日公布
甘肃省人民委员会立

保护长城，有你有我

长城保护都需要哪些人的参与？

长城区域实在是太大、保存情况太复杂了，它的保护也尤其需要各行各业的参与，这张图表现出了长城保护队伍中的一些相关机构和群体。事实上，除了专职人员，我们每个普通人的很多行为都可以帮助保护长城！

①**国务院**公布全国重点文物保护单位并颁布相关保护法规，它们是长城保护的基本工作。**各级地方政府**负责完善法规体系，并主导本地保护工作。

②**国家文物局**是调查与认定长城资源、编制总体规划、划定保护范围、修缮、管理监督等多项工作的牵头者。

③**国家测绘局**为长城资源调查提供基础地理信息与技术支持。

④对于严重的毁坏长城违法行为，文物部门会把案件移交**公安机关**侦查。

⑤**各地文物部门**的名字不同，但都是长城保护、管理、巡查等具体工作的执行者。对于跨越行政区域边界的长城，邻近省市会组织长城执法联合，京津冀以及宁夏和内蒙古就是联合巡查的好例子。

⑥**中国文化遗产研究院长城保护研究室**是国家级长城保护研究专业机构，是长城数据、保护管理和保护研究的中心。另外，还有许多**公立科研机构**研究长城，但他们也是术业有专攻，像敦煌研究院就对土长城更有心得。

⑦**高校**发挥各自的历史学、建筑学等学科优势，专注于长城的专项课题。

⑧**长城资源调查队**实地探访、调查、记录和测量了全国的每一处长城。

、每段修缮之前，都需要由专业考古单位先进行考古和勘探。
单位根据勘察结果，设计修缮方案，尽量不改变长城原貌。
供应商负责制造传统材料这个技术活儿。
公开招标，有文物保护工程施工一级资质的施工单位才能担此重任。
缮过程中，第三方监理机构要参与全程监督。
建筑质量监督站的专家也会定期巡查、监督修缮工程。
、报纸和互联网等媒体工作者，用不同方式向世界展示长城。
离不开规划、运营、消防、安保、清洁等工作人员的共同努力。
官不仅是保存和展示文物的地方，也更注重寓教于乐的观赏体验。
文物保护基金会为政府、文管部门、社会力量牵线搭桥，提供合作平
向大众宣传长城保护工作的进展。
者引导游客、捡拾垃圾、制止不文明行为，补充了维护长城的力量。
长城之友协会由英国人威廉·林赛创立，致力于普及保护长城与爱护
理念。

㉑长城小站是长城迷线上交流、组织线下活动的网站。
㉒中国长城学会是组织徒步、编书、书画展等活动的老牌长城保护团体。
㉓长城被联合国教科文组织列入《世界遗产名录》，国际公约为我国长城保护
工作提供了指导。同时，他们也与国内研究机构合作进行数字长城研究。
㉔国际古迹遗址理事会每年都举办关于遗址保护的国际学术研讨会。
㉕国际文化财产保护与修复研究中心定期举办培训和考察活动。
㉖企业不但捐助长城保护工程资金，还为长城研究注入新技术。
㉗截至2016年10月全国长城保护员人数达到4650人。
㉘民间的长城研究者做了许多角度新颖的研究。
㉙长城是很多艺术家的灵感来源，而他们的创作又让更多人认识长城。
㉚作为游客的每个人都是长城保护的一分子。
㉛长城沿线的村民会参与一些季节性的长城保养工作，如清理杂草树木、捡
拾整理砖块。
㉜不论是线上捐款还是线下捐物，每个人也都可以成为长城的捐助者。

长城旅游指南

如今，我们都可以去哪里看长城？

目前，我国有近百处长城景区，"不到长城非好汉"这句话也依然在激励着全球的旅行者。我们基于适合游览的长城点段进行筛选，为你推荐7条主题路线，并分别设置了"打卡"成就。来一场轰轰烈烈的走遍长城的壮游吧！

图例

各时代长城
- ── 春秋战国
- ── 秦汉
- ── 南北朝-金
- ── 明

景点
- ⌂ 保存较完整的综合的长城景观
- ⌂ 以遗址为主的长城景观
- ⌂ 以城堡为主的长城景观
- ⌂ 以敌台和烽火台为主的长城景观
- ⌂ 长城附近有特色美食

5A 景区分级　血 有博物馆　50元 旺季门票价

（景区分级、门票价格等仅供参考，请以当地实际为准）

线路4

边塞豪情

本线路自然与文化氛围十分浓厚，如能在参观完甘肃省博物馆、敦煌博物馆等机构之后再去游览长城，体验更深。由于区域内大漠拦路，建议跟团或自驾出行。

21 嘉峪关 5A 血 120元
（几乎是）明长城的最西端
在城墙上远望祁连山 □
→ 完成一个任务后就在这里打钩吧！

22 阳关 4A 血 50元
丝绸之路上的重要节点
在现场背诵与阳关有关的诗词一首 □

23 玉门关 血 40元
小方盘城和大方盘城是这里的主要遗址
在现场背诵与玉门关有关的诗词一首 □

24 东大湾城
连成片的、未有太多开发的汉代古城
把这里的雄壮告诉你的朋友 □

线路3

三晋鼓角

"得朔州者得三晋，乃至得天下。"作为兵家必争之地，这里曾经发生了数不清的战事。虽然本路线中长城景点较分散，但沿线有许多其他著名景点，可一并游览。

14 雁门关 5A 血 90元
可能是使用时间最长的关口，浑身故
了解至少一个发生在雁门关的故事 □

15 平型关 血
打伏击战的好地段
参观平型关大捷纪念馆 □

16 守口堡长城
有许多形态各异的敌台和烽火台
找齐至少10座长城建筑 □

17 王家岔—岚漪镇
罕见的南北朝北齐的长城遗址
沿着这段只剩碎石的长城走1千米 □

18 大同镇城
位于大同市中心的长城遗迹
拍一张长城遗迹与现代建筑的合影 □

其他推荐景点：
19 娘子关堡
20 固关长城

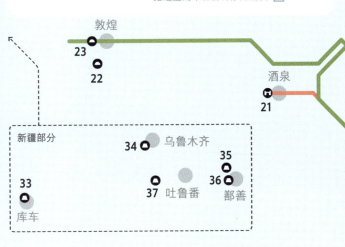

线路7

戈壁烽火

在新疆辽阔的戈壁滩上，星星点点地矗立着几百座汉唐时期的巨大烽燧。由于大多数烽燧都尚未设立景区，加之交通不便、人迹罕至，通常只有学者或资深驴友才会专程来拜访它们。

33 克孜尔尕哈烽燧
五层楼高的烽火台
到达、赞叹、分享、爱护 □

34 永丰乡烽燧
距离乌鲁木齐不远的唐代烽火台
到达、赞叹、分享、爱护 □

35 连木沁大墩烽燧
时间为它残留下了独特的造型
到达、赞叹、分享、爱护 □

36 二塘沟烽燧
保存完整，呈完美的梯形
到达、赞叹、分享、爱护 □

37 阿拉沟戍堡
镇守"一夫当关，万夫莫开"的阿拉沟
到达、赞叹、分享、爱护 □

线路5

黄土情结

黄土高原上的长城遗迹，自带独特的惆怅气质，像信天游的唱腔。本路线的长城景点分散，推荐自驾游览。

其他推荐景点：
29 北岔口长城
30 双庙村秦长城

25 镇北台 4A 血 30元
"天下第一台"
登镇北台，俯瞰东北方向的款贡城 □

26 三关口长城
连绵不绝、令人震撼的明代残墙
对比和同为明长城的八达岭有何不同 □

27 清水营堡
矗立在黄土高原上的前朝古堡
在高处俯瞰清水营堡 □

28 墙头村
陕西长城的东起点
看黄河两岸的长城如何隔岸相望 □

线路1

天子守边

明代皇帝定都北京的原因之一，就是要"天子守边"，因此，北京附近的长城遗存很密集，保存状况更是全国最好的。这一区域的公共交通便利、旅游设施齐全，适合各种类型游客。

其他推荐景点：
- **居庸关长城**
- **黄崖关长城**
- **箭扣长城**

1 八达岭长城 `5A` 🩸 `40元`
最有名，游客也最多
像国家元首一样，在"贵宾地段"留影 ☐

2 慕田峪长城 `5A` 🩸 `40元`
比较秀美
把这里所有的碑文都看一遍 ☐

3 金山岭长城 `4A` `65元`
"万里长城，金山独秀"
捧着本书"观察长城"一页对号入座 ☐

4 司马台长城 `4A` `40元`
比较安全的"野长城"，沧桑而壮美
夜游长城，并以星空为背景拍摄长城 ☐

5 蟠龙山长城
仿佛身经百战的沧桑老兵，弹痕历历在目
寻找七勇士石碑（较危险，小心攀爬）☐

6 大境门 `4A` 🩸 `13元`
古时商贸重镇
从"大好河山"门洞下穿过去 ☐

线路2

山海关外

东临渤海，以观长城。这条线路内有明长城的东起点，也有"海上长城"和"水上长城"等大胆、聪明而浪漫的设计。山海关附近的多个长城景区可以一次看个够。

10 山海关 `5A` 🩸 `40元` 老龙头 `4A` `50元`
"天下第一关"
在老龙头上凝望大海 ☐

11 九门口长城 `4A` `80元`
罕见的水上长城
漫步跨河城桥，追忆一片石大战往昔 ☐

12 锥子山长城
因修缮引发争议的野长城
注意安全，爱护长城，寻找精美石雕 ☐

13 虎山长城 `4A` 🩸 `60元`
明长城的东起点
站在万里长城的最东端，向西方远眺 ☐

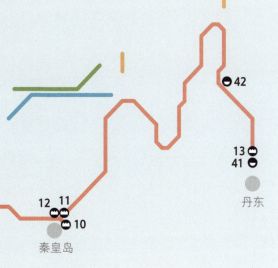

线路6

战国往事

古老的齐长城早已与山林和乡村融为一体，若想找到，你需要做足功课。

31 钉头崖西山齐长城
高大整齐的石墙，位于山东省济南市长清区
能找到就成 ☐

32 东门关段齐长城
坐落于山东省章丘市和莱芜市交界处的山脊上
能找到就成 ☐

线路8

吃在长城！

长城从来都没有以美食闻名过，但这不意味着吃货们会从长城空腹而归，游览之余可以试试这些特色美食：

38 北京延庆火勺
明长城守将的同款口粮

39 甘肃兰州牛肉拉面
来一碗私人订制牛肉面吧

40 内蒙古阿拉善烤全羊
体验游牧民族的最爱

41 辽宁丹东黄蚬子
明长城边上的海鲜

42 辽宁抚顺苏子叶饽饽
满族传统时令小吃

43 宁夏吴忠早茶
拉面配早茶值得一试

44 山西解州羊肉泡馍
战国魏长城下的传统美味

45 甘肃金昌莲花馍馍
面点能有多少花样

46 陕西志丹圪坨、羊腥汤
先吃羊肉再吃圪坨，入味

新疆汉唐烽燧

守口堡

玉门关

嘉峪关

乌鞘岭长城

老牛湾长城

转角楼长城

砖厂梁长城

清水营堡

平型关

永昌汉明长城

慕田峪长城

重温长城

你能找到多少经典长城景观呢?

看到这里,相信你对长城已经有了不少
新的认识。我们贪心地把全国各地一些
经典的长城景观都拼在这张图上,你能
从中找到哪些呢?你有没有迫不及待地
踏上实地探访长城的冲动呢?

八达岭长城
北二楼至北四楼

司马台长城

蟠龙山雪景

金界壕

箭扣长城

板厂峪长城

九口口长城

居庸叠翠

山海关关城

居庸关花海

山海关老龙头

齐长城

参考资料

这本书的完成，离不开专家学者们全面、翔实的研究，而你如果还希望进一步认识长城，可能也需要阅读更多。所以我们将书中每一页图所参考的资料都相对详细地列了出来。其中几个多次被用到的资料或许也可以作为你的入门读物——《中国长城志》是一套大部头的介绍长城各个方面的志书，"中国长城遗产网"是基于长城资源调查而公开展示长城全线资源数据的官方网站，"长城小站"则是一个由民间长城爱好者通过各种渠道搜集整理出来的长城数据库。

一 书籍

谭其骧 主编. 中国历史地图集. 北京：中国地图出版社，1996

景爱 著. 中国长城史. 上海：上海人民出版社，2006

中国文化遗产研究院 编. 爱我中华 护我长城：长城保护（2006-2016）. 北京：义物出版社，2017

董耀会，贾辉铭 主编. 中国长城志·总述-大事记. 南京：江苏凤凰科学技术出版社，2016

李孝聪，陈军 主编. 中国长城志·图志. 南京：江苏凤凰科学技术出版社，2016

李鸿宾，马保春 主编. 中国长城志·环境·经济·民族. 南京：江苏凤凰科学技术出版社，2016

张玉坤 主编. 中国长城志·边镇·堡寨·关隘. 南京：江苏凤凰科学技术出版社，2016

汤羽扬 主编. 中国长城志·建筑. 南京：江苏凤凰科学技术出版社，2016

刘庆 主编. 中国长城志·军事. 南京：江苏凤凰科学技术出版社，2016

孙志升，苏君礼 主编. 中国长城志·文学艺术. 南京：江苏凤凰科学技术出版社，2016

张玉坤 主编. 长城·聚落丛书. 北京：中国建筑工业出版社，2018

王文进. 南朝山水与长城想像. 郑州：河南人民出版社，2018

王洪亮，张峰 主编. 山西芦芽山国家级自然保护区生物多样性保护与管理. 北京：中国林业出版社，2017

工程案例篇 明长城榆阳建安堡. 中国古建筑行业年鉴，中国建材工业出版社，2015

孟宪利. 话说八达岭与长城. 北京：人民邮电出版社，2014

张晓东 著. 嘉峪关城防研究. 兰州：甘肃文化出版社，2013

邢韶华 主编. 北京市雾灵山自然保护区综合科学考察报告. 北京：中国林业出版社，2013

佘正松. 边塞诗选. 南京：凤凰出版社，2012

王小明 主编. 宁夏贺兰山国家级自然保护区综合科学考察. 北京：阳光出版社，2011

董进 著. Q版大明衣冠图志. 北京：北京邮电大学出版社，2011

魏兵 著. 中国兵器甲胄图典. 北京：中华书局，2011

王丽梅. 浅析居庸关云台雕塑的价值意义. 中国明史学会、河北省燕赵文化研究会、中共迁西县委、迁西县人民政府. 明代蓟镇文化学术研讨会论文集. 中国明史学会、河北省燕赵文化研究会、中共迁西县委、迁西县人民政府：中国明史学会，2010

吴三雄，袁海峰 主编. 甘肃敦煌西湖国家级自然保护区科学考察报告. 北京：中国林业出版社，2010

高小华. 居庸关修复工程概要. 中国明史学会、北京十三陵特区办事处. 明长陵营建600周年学术研讨会论文集. 中国明史学会、北京十三陵特区办事处：中国明史学会，2009

Andrew T. Smith，解焱 主编. 中国兽类野外手册. 长沙：湖南教育出版社，2009

艾绍强 著. 绝版中国——谁毁了我们的长城. 北京：工人出版社，2008

南方都市报 编. 长城真相调查. 厦门：鹭江出版社，2008

中国人民革命军事博物馆 编著. 中国战争史地图集. 北京：星球地图出版社，2007

李凤山 著. 长城与民族. 北京：中央民族大学出版社，2006

刘永华 著. 中国古代军戎服饰. 上海：上海古籍出版社，2003

山西大学历史系中国古代史教研室 编制. 中国历史大系表. 太原：山西人民出版社，2001

王钟翰 主编. 中国民族史. 北京：中国社会科学出版社，1994

北京市古代建筑研究所，密云县文化文物局 合编. 司马台长城. 北京：北京燕山出版社，1992

韩盼山. 中国历代长城诗词选. 北京：中国青年出版社，1991

孔繁敏. 历代名人咏长城. 北京: 北京大学出版社，1990

辽宁省档案所，辽宁社会科学院历史研究所汇编. 明代辽东档案汇编. 沈阳：辽沈书社，1985.

茅元仪 辑. 武备志. 台湾：华世出版社，1984

台湾三军大学 编著. 中国历代战争史. 北京：军事译文出版社，1983

沈弘 编译. 遗失在西方的中国史：《伦敦新闻画报》记录的晚清1842-1873. 北京：北京时代华文书局，2014

宿白. 藏传佛教寺院考古. 北京：文物出版社，1996

二 期刊论文

赵阳阳. 明代固原镇研究. 陕西师范大学，2017

曹迎春，张玉坤，李严. 明长城军事防御聚落体系大同镇烽传系统空间布局研究. 新建筑，2017

王明江，周松. 明洪武时期河州地区官营茶马贸易研究. 地方文化研究，2017

舒时光，邓辉，吴承忠. 明后期延绥镇长城沿线屯垦的时空分布特征. 地理研究，2016

范熙晅，张玉坤. 明代长城沿线明蒙互市贸易市场空间布局探析. 城市规划，2016

白锦荣，张爱军. 基于红外触发相机陷阱技术的小五台山物种多样性调查. 河北林业科技，2016

伍毅. 从古代文献看明代官办砖窑的制度构建. 浙江大学，2015

薛程. 秦汉时期长城墙体构筑工艺研究. 秦汉研究，2015

郭栋. 地理因素影响下明蓟镇长城防御体系研究. 天津大学，2014

张依萌. 明长城砖砌空心敌台类型与分期研究. 故宫博物院院刊，2019

张依萌，李大伟. 金塔县长城破坏风险影响因素调查与研究. 中国文物科学研究，2014

刘静. 居庸关云台天王脚下鬼怪形象考辨. 美苑，2014

郭星. 明蒙关系研究. 四川师范大学，2014

付晶莹，江东，黄耀欢. 中国公里网格2010年人口分布. 中国科学院，2014

张姗姗. 明代蓟镇长城预警系统研究. 内蒙古大学，2013

杨维. 明代北方五省民运粮研究. 辽宁师范大学，2013

阮渊博. 辽宁省明长城建造特点研究. 北京建筑工程学院，2012

马建军. 宁夏境内现存古长城的构筑方式探述. 中国长城博物馆，2012

高兴旺. 从金山岭长城看长城敌楼的建筑形制. 中国文物报，2012

刘昭祎. 长城与水的关系研究. 北京建筑工程学院，2012

白贵斌. 苔藓及地衣对凉州明长城的保护作用研究. 兰州大学，2012

赵凡，姚雪. 陕北建安堡病害调查与成因分析. 延安大学学报（社会科学版），2012

赵现海，近代以来西方世界关于长城形象的演变、记述与研究——一项"长城

化史"的考察. 暨南学报(哲学社会科学版), 2015

瑞. 山海关关城西门、北门瓮城遗址保护构想. 文物春秋, 2011

苗. 明蒙互市贸易述论. 中央民族大学, 2011

永江. 明大同镇长城、边堡兴筑考. 鲁东大学学报(哲学社会科学版), 2010

爱. 关于长城附属设施调查的有关问题. 中国文物科学研究, 2007

严. 明长城"九边"重镇军事防御性聚落研究. 天津大学, 2007

ephen Turnbull, Steve Noon. The Great Wall of China 221 BC-1644 AD. prey Publishing, 2007

大伟. 明代榆林镇沿边屯田与环境变化关系研究. 陕西师范大学, 2006

宫绪智, 黄今言. 汉代烽燧中的信息器具与烽火品约置用考论. 社会科学辑 2004

夏文物考古研究所. 宁夏盐池县古长城调查与试掘. 考古与文物, 2000

年来山海关长城的保护和利用. 文物春秋, 1999

学, 翟良富. 迁西大岭寨明长城"左一"窑发掘简报. 文物春秋, 1998

铁山. 大岭寨明长城左三窑的发现及其研究. 文物春秋, 1996

对安. 从历史文献看汉代的烽燧制度和候望系统. 文献, 1982

晓岫. 藏族族称考. 民族研究, 1977

网络资源

国长城遗产网: http://www.greatwallheritage.cn

国文化遗产研究院长城资源调查项目: http://www.cach.org.cn/tabid/161/ fault.aspx

家文物局明长城资源调查: http://www.sach.gov.cn/col/col256/index.html

城小站: http://www.thegreatwall.com.cn

华人民共和国文化与旅游部官网: https://www.mct.gov.cn/

国科学院资源环境科学数据中心: http://www.resdc.cn

家知识产权局商标局 中国商标网: http://sbj.saic.gov.cn/

家文物局公布辽宁绥中锥子山长城大毛山段抢险工程调查情况: http:// ww.sach.gov.cn/art/2016/9/27/art_722_133803.html

保田: 《山海关孤版历史照片研究判定》: http://www.wallstime.com/ chives/14988

new, Neville, ed. 2010. Conservation of Ancient Sites on the Silk Road: oceedings of the Second International Conference on the Conservation of Grotto Sites, Mogao Grottoes, Dunhuang, People's Republic of China, June 28-July 3, 2004. Los Angeles, CA: Getty Conservation Institute. http://hdl.handle.net/10020/gci_pubs/2nd_silkroad

百年回望 | 100多年前的八达岭长城是这样的, 你看过吗? http://wemedia. ifeng.com/53611232/wemedia.shtml

长城有料: 长城的大近视眼: http://www.sohu.com/a/148628496_658345

司马迁. 史记. http://www.shicimingju.com/book/shiji.html

班固. 汉书. http://www.shicimingju.com/book/hanshu.html

荀悦. 前汉纪. http://www.guoxue123.com/shibu/0101/01qhj/index.htm

袁宏. 后汉纪. http://www.shicimingju.com/book/houhanji.html

范晔 等. 后汉书. http://www.shicimingju.com/book/houhanshu.html

魏徵 等. 隋书. http://www.shicimingju.com/book/suishu.html

司马光. 资治通鉴. http://www.guoxue.com/shibu/zztj/zztjml.htm

明太宗实录. http://www.cssn.cn/sjxz/xsjdk/zgjd/sb/jsbml/mtzsl_14480/

大明穆宗庄皇帝实录. https://ctext.org/wiki. pl?if=en&res=838914&remap=gb

张廷玉 主编. 明史. http://www.shicimingju.com/book/mingshi.html

赵尔巽. 清史稿. http://www.guoxue123.com/shibu/0101/00qsg/index.htm

搜韵: http://www.sou-yun.com

TIMETREE: http://www.timetree.org/

谷歌地球

Songyizhe 整理. 长城小站长城遥感与测量论坛. Google earth 长城聚落位置 数据, 2014

高德地图. 北京全市路网数据, 2019

大众点评网. 北京全市商业经营场所位置数据, 2018

马蜂窝: http://www.mafengwo.cn/

四 其它

寰宇全球地图册: 中国地图: Harvard Map Collection, Harvard Library

Atlas Maior地图册: 中国山西地图: National Library of Scotland

中国长城局部: 古北口: Martyn Gregory, London

20世纪初的长城明信片

致谢

长城如此特别、如此重要，能够有机会设计并绘制这样一本图解长城的科普读物，我们深感荣幸。而整个创作的过程，对我们来说好似一趟精彩的旅程，直到成稿也仍然意犹未尽。这一切之所以成为可能，离不开腾讯公益慈善基金会和中国文物保护基金会对我们的信任。当腾讯公益慈善基金会的马尧先生第一次提出长城信息绘本的想法时，我们一拍即合。在之后的项目进程中，他与中国文物保护基金会的尉舒雅女士为我们提供了及时且全方位的支持。而他们本身也都是热爱长城之人，这使我们的合作更加顺畅。

《长城绘》的表现形式是绘本，而其中大量有关长城的知识则是它的内核。在内容方面，我们有幸获得了很多长城专业研究者的帮助。尤其要感谢中国文化遗产研究院的张依萌先生、北京市文物研究所的尚珩先生和陕西省文物保护研究院的李大伟先生。每次与他们切磋之后，我们都能获得很多专业的建议和发散性的启发。更重要的是，他们所表现出的对长城的投入甚至痴迷，会激励我们努力把书做得更好。中央民族大学的李鸿宾老师和河北省古代建筑保护研究所的次立新老师，也从各自的专业角度，给予了我们很多帮助。

最后，还要感谢负责本书出版的中国国家地理图书团队，特别是本书的策划编辑乔琦女士和地图编辑程远先生。《长城绘》的形式特殊、内容庞杂，为他们的编辑工作带去了诸多困难。是他们的理解、耐心以及高效、高质量的工作才使本书能以这样的品质呈现在您的面前。

帝都绘工作室

作者与项目介绍

帝都绘工作室

帝都绘工作室是一个年轻的根植于北京的设计创意团队，致力于关于城市的研究、设计和公众传播。工作室的项目涵盖信息可视化设计、城市研究、空间设计、绘本制作及城市科普教育等多个领域。帝都绘希望通过信息设计探究并解释城市与建筑，让更多人认识并理解自己生活的地方。

参与本书设计、绘制的全体团队成员有：宋壮壮、李明扬、卓嘉琪、张琎、王臻真、姚渊、赵玮雯、吕玥明、杨雨晴、甘草、武健昂、段嘉润。

扫描二维码
可观看我们的更多作品

"保护长城，加我一个" 项目

"保护长城，加我一个"项目是2016年9月由中国文物保护基金会与腾讯公益慈善基金会共同发起并延续至今的关于长城保护与传播的大型公益项目。自2016年起，由腾讯公益慈善基金会先后捐赠3500万元，与中国文物保护基金会共同成立了长城保护公益专项基金。在这个专项基金的支持下，"保护长城，加我一个"项目得以顺利开展。项目资金除了支持包括位于北京箭扣长城和河北喜峰口长城的两段长城本体修缮项目外，双方基金会还发挥各自优势，在长城保护、长城文化传播、公众参与、科技助力长城修缮保护、长城保护理论研究等领域开展了一系列积极有效的合作与尝试。包括您手中的《长城绘》也是这一大型公益项目的成果之一。我们诚挚地希望您能喜欢这本书，希望您能关注并喜爱长城，进而参与到"保护长城，加我一个"公益项目中。

中国文物保护基金会
腾讯公益慈善基金会

QQ

中国文物保护基金会
长城小兵

扫描二维码
可了解更多关于本项目的信息

85

图书在版编目（CIP）数据

长城绘/帝都绘工作室著.— 北京：北京联合出
版公司, 2019.10（2020.4重印）
ISBN 978-7-5596-3373-6

Ⅰ.①长… Ⅱ.①帝… Ⅲ.①长城–普及读物 Ⅳ.
①K928.77-49

中国版本图书馆CIP数据核字〔2019〕第129450号

长城绘

作　　　者：帝都绘工作室
策　　　划：北京地理全景知识产权管理有限责任公司
策 划 编 辑：乔　琦
责 任 编 辑：牛炜征
特 约 编 辑：林　凌　邢晓琳
营 销 编 辑：唐国栋
特 约 印 制：焦文献
封 面 设 计：何　睦
制　　　版：北京美光设计制版有限公司

北京联合出版公司出版
（北京市西城区德外大街83号楼9层　100088）
北京联合天畅文化传播公司发行
北京华联印刷有限公司印刷　新华书店经销
字数：20千字　889毫米×1194毫米　1/16　印张：6
2019年10月第1版　2020年4月第5次印刷
ISBN 978-7-5596-3373-6
审图号：GS〔2019〕5360号
定价：98.00元